[재개발, 뉴타운 편]
오를 때와 떨어질 때
부동산 **투자법**

Copyright ⓒ 2008, 전은성

이 책은 한국경제신문 한경BP가 발행한 것으로

본사의 허락없이 이 책의 일부 또는 전체를

복사하거나 전재하는 행위를 금합니다.

[재개발, 뉴타운편]

오를 때와 떨어질 때
부동산 투자법

전은성 지음

한국경제신문

질렀으면 기다리고, 못 샀거든 저질러라

이 책을 읽기에 앞서 독자 여러분께 당부하고 싶은 말이 있다.

현재 재개발 시장은 실제 이주와 입주까지의 시간, 그에 따른 기회비용이 이미 반영된 가격으로 거래되기에 더 오를 여력이 없어 이후 진행 상황에서는 가격이 약보합세로 지속되는 것이 특징이다. 이러니 재개발로 수익을 보려면 좋은 물건을 잘 사라고 조언하는 것이 아니라 남보다 먼저, 한 발 앞서 투자하라는 말을 하게 되는 것이다.

반드시 기억하라. 공부가 끝나면 재개발도 끝난다는 것을!

| 저자의 말 |

MB시대 부동산 투자, 재개발이 최고다

기존 시가지의 가장 큰 장점 중 하나는 기반시설이 이미 어느 정도 갖춰져 있다는 점이다. 예를 들어 도로망이나 지하철 등 시가지 구성을 하면서 부대시설들을 늘릴 필요가 없이 기존의 도로를 조금 확장하거나 개선하는 정도만 손보면 되기 때문에, 처음부터 기반시설을 갖추는 것만큼 부대 비용이 과다하게 들어가지 않는다. 또 주민 편의시설도 이미 어느 정도는 마련되어 있다.

인구가 앞으로 크게 늘어나지 않을 전망인데다 직주근접(직장과 주거지가 가깝다는 개념)을 선호하는 요즘 마인드에 비추어보면, 기존 도시들을 슬럼화하게 놔두고 신도시를 개발한다는 것은 그저 임시방편일 뿐, 국민이 원하는 위치에 주택 공급을 늘리는 방법은 아니라고 할 수 있다.

  신도시 개발에 있어 문제점 중 하나로 지적되는 토지 보상금도 그렇다. '인(in) 서울'이 대세인 것만 봐도 알 수 있듯이 누구나 좋은 위치의 기존 도시를 선호한다. 신도시 개발로 풀려나간 막대한 토지 보상금은 다시 기존 도시로 유입되면서 지가 상승을 불러오는 역할을 한다. 만일 인구가 늘어나지 않는 상태에서 기존 도시에 양질의 주택이 공급된다면 신도시의 인구가 기존 도시로 유입되고, 기존 도시만으로도 이들을 모두 수용할 수 있게 되면 신도시의 슬럼화 현상, 또는 거주민들의 하향천이현상이 일어날 것이다. 이는 신도시 집값뿐만 아니라 전체적인 주택 가격을 떨어뜨리는 도화선이 되어 심각한 자산 디플레이션을 초래하는 결과를 낳게 된다.

기존 시가지 개발에 주목하라

  MB 부동산 정책의 특징은 집중적인 공급 확대가 용이치 않은 기존 시가지에서 사업 진행을 신속히 할 수 있도록 조합 설립 등 현행 제도를 완화하고, 용적률을 늘려 어느 정도 이익을 볼 수 있게 해줌으로써 개발을 유도하는 것이다. 이에 따라 앞으로 '어쩔 수 없이' 도시및주거환경정비법이 완화되고 용적률이 상향 조정된다면, 지금도 가격 상승을 주도하고 있는 재개발·재건축 시장의 가격은 어떻게 결정될까를 감히 한번 상상해보자.

기존 도시 개발에 강한 의지를 보여주고 있는 MB 체제 하에서 앞으로 시장이 어떻게 돌아갈지는 불 보듯 훤하다. 누가 감히 도시및주거환경정비법 시장을 아니라고 할 수 있겠는가? 기존 시가지 중에서도 재건축은 제한과 규제가 많지만 재개발은 상대적으로 규제가 덜하다. 돈이 어디로 이동하고 가격을 부채질할 것인지 보이지 않는가?

지금 잡지 못하면 영원히 잡지 못하고, 지금 내집 마련을 통해 서울에 입성하지 못하면 영원히 구도심에서 살 수 없을지도 모른다는 생각만 해도 아찔할 것이다.

똑똑한 놈 하나를 꼭 잡아라

기존 도시를 재개발한다 해도 용적률을 과도하게 풀어줄 수는 없다. 재개발·재건축에 뉴타운을 총동원해도 필요한 만큼의 주택보급률을 채울 정도로 공급을 늘리지는 못할 것으로 예상된다. 양질의 아파트를 공급함으로써 국민 소득에 맞는 주택을 공급한다는 취지는 만족할 수 있겠지만 말이다.

정부의 고민은 여기에 있다. 새집을 짓지 않고도 간접적으로 주택을 늘릴 수 있는 방법은 다주택자들이 주택을 하나씩 내놓게 만드는 것이다. 노무현 정권은 종합부동산세(이하 종부세)를 신설함으로써 세금 압박으로 주택을 내놓게 하려고 했다. 그런데 문제는 부동산 정책을 일관성 있게 하지 못하고 구멍 하나가 터지면 그것을 막고, 또 터지면 또 막는 땜질식, 임기응변식 정책이었다는 점이다. 국민의 신뢰를 얻지 못하니 일껏 강력한 규제책을 내놓아도 '그래 봤자 또 변하겠지' 하고 요지부동하는 시장의 내성만을 키워왔던 것이다. 그러니 정부는 신의를 잃고 국민들의 불만은 커지고, 정작 집값은 잡지 못하는 악순환만 반복되었다.

MB는 어떨까? 일단 기존 종부세 적용 기준 시가를 6억 원에서 9억 원으로 완화하겠다고 한다(2008년 6월 현재 미시행). MB가 시장 친화적이라고 다주택자들이 안심하기에는 이르다. 기준 시가가 완화된다 해도 적용 비율은 매년 올라가고, 기준 시가 또한 몇 년이고 멈춰 있는 것이 아니므로 시간이 지나면 세금을 오히려 더 내는 현상이 일어날 것이다.

현재 부동산 시장은 한껏 오른 기대치로 기업가 출신 첫 대통령을 맞았다. 정부가 내놓는 정책에 따라 시장은 요동칠 만반의 준비가 되어 있다. 대통령이 진정 과열된 시장을 안정시키고자 한다면 몇 가지 선택지가 있다.

첫째로 노무현 정권이 세워놓은 정책을 일관성 있게 유지해서 다주택자들의 규제 완화 기대를 아예 꺾음으로써 주택을 내놓게 하는 방법, 또 하나는 시장에 너무 규제 일변도의 채찍만을 사용하면 경색이 우려되므로 한시적인 양도세 경감안을 내놓는 방법이다. 이로써 종부세를 계속 유지한다는 정부의 강한 의지는 보여주되, 그간 양도세가 아까워 팔지 못했던 사람들이 이 기간을 통해 자연스럽게 주택을 공급할 수 있게 하는 것이다. 그리고 그렇게 해서 풀린 돈이 다시 주택 시장에 들어가지 못하게 하는 것이 혼란스러운 주택 시장을 진정시키는 방법이 아닐까 한다.

MB 정권은 모두의 종부세를 대폭 완화할 수는 없지만, 1주택자인데도 고가 주택을 보유하고 있다는 이유로 투기성 다주택자들과 같이 세금을 많이 내는 불합리한 경우에 대해서는 종부세 완화를 통해 개선하겠다고 밝힌 바 있다. 그렇다면 앞으로는 블루칩 주택 하나에 거주하며 보유세 완화 혜택도 받고, 노후에 그 집을 매도하여 주택 가격이 저렴한 지방 등 타 지역으로 이사하여 여유

자금을 만드는 것도 재테크 방법의 하나가 되지 않을까 한다. 젊을 때 유망한 지역을 선점해 거주와 투자를 충족하고 1주택자로서의 세제 수혜를 한껏 누리는 것이다.

현재 다주택자들은 여러 채의 주택을 갖고 있으면서 세금을 많이 내고 고율의 양도세를 감수한 여러 번의 매도로 적으나마 이익을 내고 있다. 어떤 쪽을 택하느냐는 투자자의 몫이지만 MB 정권뿐만 아니라 이후 정권에서도 투기자와 실수요자를 구별한 맞춤형 법률을 적용할 것이 확실시된다는 점을 염두에 두자.

아파트, 빌라 가릴 것 없이 소형 평수라도 내집을 마련하라

MB 정권은 이전 세율의 절반 수준으로 거래세를 인하하겠다고 발표했다. 세율은 떨어뜨리되 자산유동성을 증가시키겠다는 복안이다. 앞으로 주택 구입을 고려하는 사람들에게는 너무 반가운 소식이다.

많은 무주택자들은 이왕 대출 끼고 힘들게 내집 마련을 하는데 32평 이상은 되어야 한다고 기염을 토한다. 당연히 재개발 지역에서도 32평 이상의 아파트로 갈 수 있는 물건이 인기다. 그런데 아주 많은 실수요자들이 32평에 대한 강박관념을 가진 나머지, 32평 이상의 물건은 자금이 모자라 못 사고 24평짜리 물건은 싫어서 매입을 못한다.

노 정권 하에서 처절하게 '중대형의 반란'을 지켜본 지라 32평 강박증은 이해가 간다. 자녀를 둔 서민층에게 가장 살기 좋고 인기 있는 평수이기도 하고, 강남을 제외한 대부분의 수도권 지역에서는 대개 종부세 폭탄에서도 벗어나 있다는 장점도 있다. 그러나 한정된 자금으로 내집 마련을 해야 하는 실수요자라면 32평을 마련하기 위해 내집 마련을 늦추는 우는 범하지 말자. 소형 아파트, 주택, 빌라의 수익률이 중대형 아파트 이상일 수 있는 시대가 열렸기 때문이다.

앞으로 MB 정권은 수도권 인근의 그린벨트, 구릉지, 한계 농지 등의 규제를 풀어 신혼부부들을 위한 주택 12만 호를 매년 공급하겠다고 한다. 평형은 10~20평대 사이일 것으로 예상된다. 또 진행이 지지부진하긴 하지만 앞으로 지분형 아파트도 공급한다고 한다. 집의 절반에 대한 소유권을 갖고 집값 상승에 대한 수익은 지분 투자자와 나눠 갖는 구조이다.

예를 들어 32평 규모의 지분형 아파트라면 실제 주택 매입에 들어가는 돈은 16평 아파트를 매입하는 수준일 것이고, 수익률도 그 정도일 거라고 봐야 할 것이다. 그런데 투자성을 엄청 따지는 우리나라 실수요자들이 수익률은 반밖에 되지 않는데 단지 거주만 32평에서 하는 것으로 만족할 수 있을까? 당연히 상대적으로 수익률이 높아 보이고 '온전히 내집'인 24평형을 눈여겨보게 될 것이다. 노령 인구가 늘면서 24평형은 이미 노후 거주용으로도 인기가 많다.

또한 신혼부부용 아파트의 공급은 24평형의 선호도를 부추길 가능성이 더욱 높다. 예전에 국민차 티코가 출시되자 그때까지 가장 작은 차로 설움(?)을 받던 프라이드의 인기가 급상승했던 것처럼, 초소형평형 아파트, 지분형 아파트가 많이 공급될수록 프라이드급 아파트들이 반사적인 수혜를 볼 가능성이 높은 것이다.

굳이 이런 예를 들지 않더라도 정권이 한 번 바뀔 동안 대형, 중형, 소형 가릴 것 없이 집값이 두 배 이상 올랐다. 평균 7.8년 걸리던 내집 마련 기간이 10년 이상으로 벌어져 강남 거주를 포기한 계층과 함께 아예 내집 마련 자체를 포기하는 계층이 나올 거라는 우려의 소리도 들린다.

필자는 버블 붕괴나 폭락이 두렵다는 사람, '골치 아프게 꼭 집을 소유해야 하느냐, 전세로도 충분하다'는 사람들을 설득할 생각은 없다. 다만 내집 마련을 위해 차근차근 준비해온 실수요자라면, 집의 평수에 얽매이지 말고 현재 나의 소득 수준과 종자돈이 허락하는 한도 내에서 작더라도 내집을 마련하라고 권하고 싶다. 너무 늦기 전에 말이다.

부족한 필자를 믿고 지금까지 따라준 아내 미현, 사랑하는 딸 예원에게 이 책을 바친다.

2008년 8월 용산에서
전은성

차례

| 저자의 말 |
MB시대 부동산 투자, 재개발이 최고다 6

1장 최고의 블루칩은 재개발, 뉴타운에 있다

1. 미션! 두 마리 토끼를 잡아라 20
2. 재개발 투자가 좋은 이유 24
3. 정부를 믿지 말고 시장에 나를 맡겨라 29
4. 집 투자의 패러다임이 바뀐다 35
5. 돈 버는 타이밍을 쉽게 잡는 방법 43
6. 집 싸게 사는 법, 청약통장이 최고일까 47
7. 면목동에서 생긴 일 51
8. 뉴타운 시장엔 전문가가 없다 58
9. 부동산의 심리를 읽자 62
10. 재개발 투자에는 상상력이 필요하다 68

2장 아주 간단한 재개발, 뉴타운 투자 원칙

1. 실수요자 뉴타운 접근법 **74**
2. 개발 확정 전에 투자하라 **80**
3. 매매가보다는 전세가에 주목하라 **83**
4. 중개업소가 많은 곳을 택하라 **87**
5. 오늘 제일 비싸게 산 물건이 내일은 가장 싼 물건 **90**
6. 공부가 끝나면 재개발도 끝난다 **97**
7. 내 여력 이상으로 무리하지 말라 **103**
8. 공인중개사를 길들여라 **110**
9. 전국구 재개발 지역에 주목하라 **115**
10. 공시지가가 높은 곳에 투자하라 **119**

3장 재개발 투자, 이것만 유의하라

1. 초기 투자비는 무조건 적게 124
2. 분리다세대를 조심하라 130
3. 나대지 소유자는 아파트를 못 받는다? 137
4. 무허가 건물이라면 142
5. 어떤 지역의 어떤 매물을 얼마에 사야 하나 147
6. 존치지역에 투자해도 괜찮을까 150
7. 지분 합치기는 32평형을 노려라 153
8. 꺼림칙한 물건이 수익을 가져다준다 156
9. 기다림의 과정을 즐겨라 164

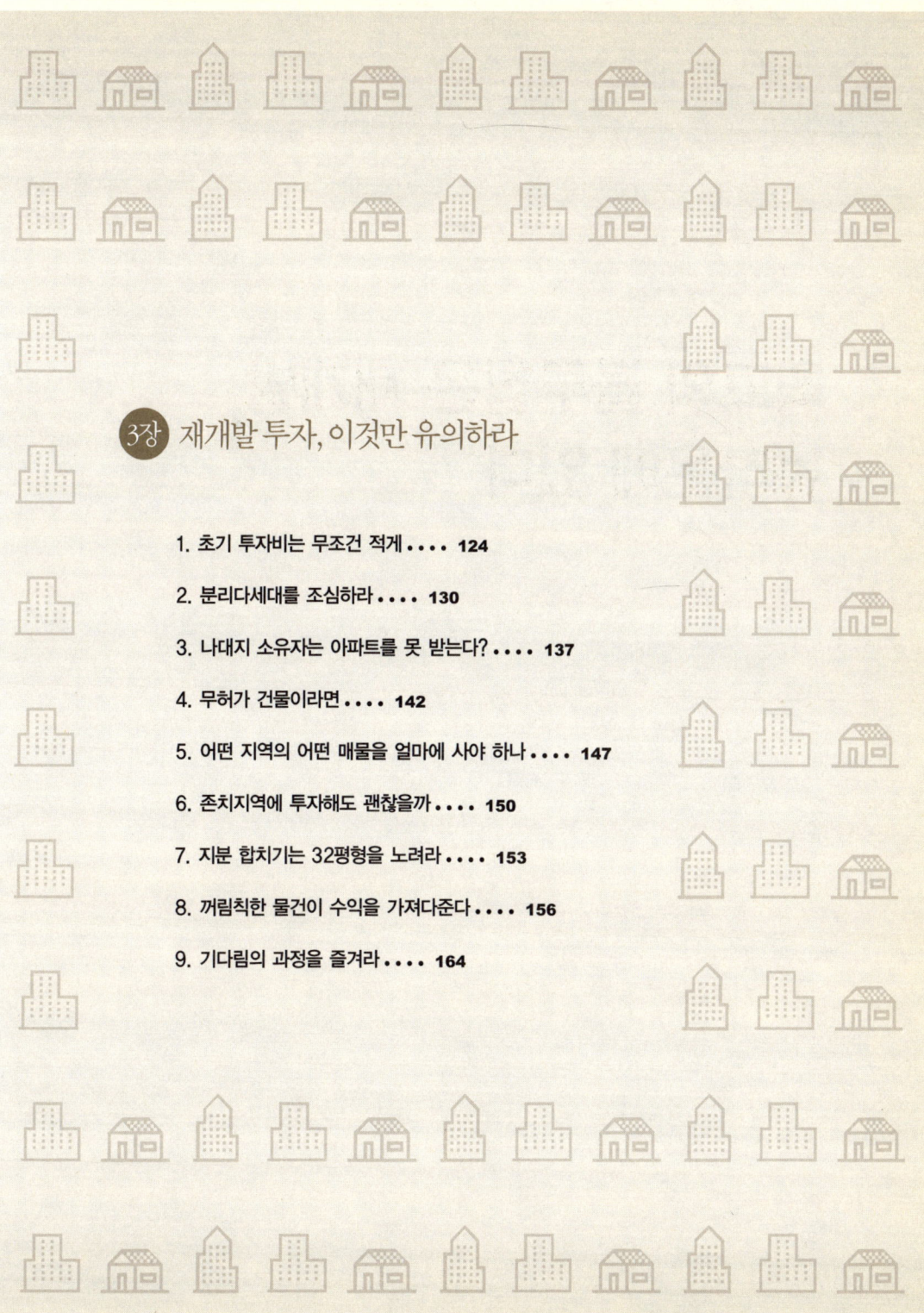

1장

최고의 블루칩은 재개발, 뉴타운에 있다

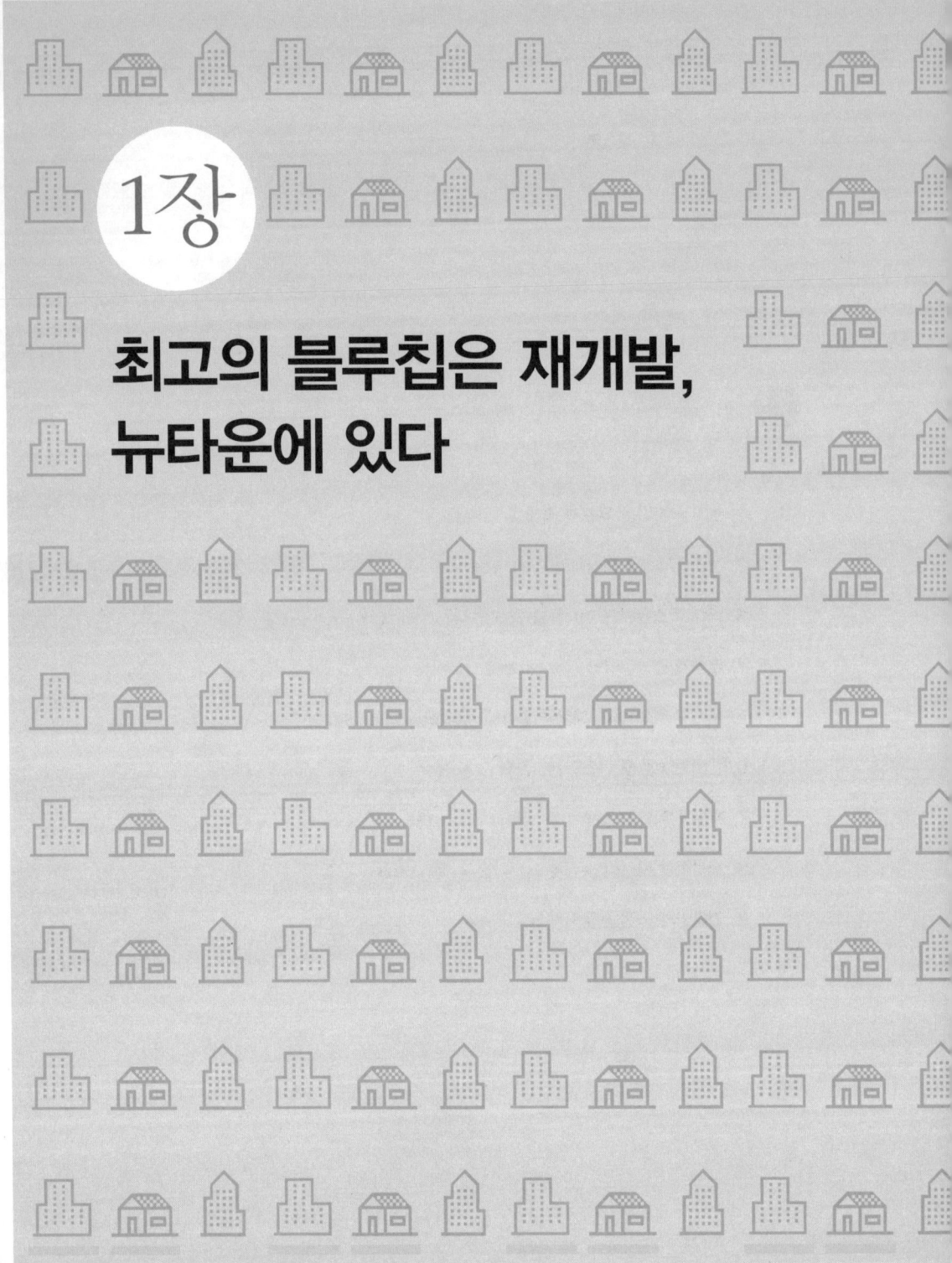

1. 미션! 두 마리 토끼를 잡아라
2. 재개발 투자가 좋은 이유
3. 정부를 믿지 말고 시장에 나를 맡겨라
4. 집 투자의 패러다임이 바뀐다
5. 돈 버는 타이밍을 쉽게 잡는 방법
6. 집 싸게 사는 법, 청약통장이 최고일까
7. 면목동에서 생긴 일
8. 뉴타운 시장엔 전문가가 없다
9. 부동산의 심리를 읽자
10. 재개발 투자에는 상상력이 필요하다

1

미션! 두 마리 토끼를 잡아라

앳된 모습의 신혼부부가 필자의 사무실로 찾아왔다. 상담 내용인즉, 투자를 하면서 거주도 할 수 있는 두 마리 토끼를 잡고 싶다는 것이었다. 인생에서 가장 빛나는 시기인 신혼 시절을 재개발 지역에서 시작하겠다는 것은 쉽지 않은 결정이다. 아직 젊은 분들인데 생각이 깨어 있는 것이 신통방통했지만 필자에겐 제일 어려운 숙제였다.

누구나 알다시피 재개발은 기반시설이 열악하고 노후도가 60% 이상인 곳에서 사업이 진행된다. 단, 재개발 지역이라고 해서 모두가 산동네이고 모두가 비가 새는 낡은 집인 것은 아니다. 구역 내에서도 도배, 장판 정도만 교체하면 새집 못지않은 집들도 있다. 필자의 숙제는 그중에서도 분리다세대가 아닌 원다세대(뒤에 설명)를 구해줘야 하는 것이었다.

상담하다 보니 남편은 삼성동, 부인은 을지로에 있는 회사를 다니고 있었다. 어느 한 사람에게만 맞춰 직주근접 신혼집을 구할 수는 없는 형편이었다(이런 경우는 그래도 조금은 부인이 더 편한 지역으로 맞춰준다). 서로가 편한 노선인 2호선으로 가닥을 잡고 2호선 주변 재개발 지역들을 이 잡듯 뒤졌다. 가장 무리하지 않는 선에서 투자할 수 있으면서 거주 만족도도 채울 수 있는 곳을 찾아야 했다.

사실 필자는 결혼 초에 낡은 집에서 사는 것을 반대하는 입장이다. 젊어서 고생은 사서 한다는 말도 있고 돈도 좋지만, 미래를 위해 현재의 삶을 포기하는 건 아니라고 보기 때문이다. 모두가 우려해 마지않는 '노후'도 세상이 급변하면서 점차 복지 보장 추세로 나가고 있는데, 그렇게 두려워할 필요가 있을까 하는 생각도 든다. 무리하며 전력 질주를 하든 슬슬 구경하며 천천히 가든 길의 끝은 누구나 같다. 중요한 것은 조급해하지 않고 자기 페이스를 유지하는 것이라는 걸 느낀다.

흔히 '신혼' 하면 수저 한 벌, 베개 한 개까지도 모두 새것으로 갖춰진 혼수, 새 가전제품과 가구들, 이 부부가 어떻게 사나 보려고 찾아오는 수많은 집들이 손님들이 생각날 것이다. 그런데 명색이 신혼인데 당최 찾아가기도 힘든 동네 구석에 침침하고 좁고 낡아빠진 집에 둘이 산다고 하면, 보는 사람도 불편하고 보여주는 사람도 자존심 구겨진다.

　사실 남들의 시선이란 건 가볍게 무시해주면 되는 것이고 서로 뜻이 잘 맞으면 아무 문제도 되지 않는다. 다만 한쪽은 미래의 꿈으로 행복한데 한쪽은 지저분한 현실이 창피하고 못마땅하다면 신혼 생활이 순탄할 리가 없을 것이다. 기다리다 보면 이 집이 아파트 입주권으로 바뀐다고 아무리 침을 튀겨봐야 와 닿지 않으면 할 수 없는 일이다. 특히 여성들은 결혼과 신혼 생활에 대해 로망을 갖고 있는 경우가 많은데, 이런 부분은 돈으로 환산할 수 없는 가치이다. 건강한 육체에 건강한 정신이 깃들 듯, 환경 또한 살면서 크게 고려해야 하는 부분이다.

　결국 필자가 찾아낸 물건은 재개발 구역 내에 지은 지 10년이 안 된 나름 깨끗한 물건이었다. 비록 원룸일지언정 깨끗하고 주차가 되는 물건이었다. 고객이 신혼이라는 점을 감안하면 투룸 이상이더라도 완전히 쓰러지기 직전의 허름한 물건을 권했다가는 몇 달 못 살고 이혼할지도 모를 일이다(실제 그런 경우를 보았다). 그런 물건이 투자 가치는 더 있을지 모르지만 이 방, 저 방 비가 새서 가재도구 다 버리고, 자다 말고 일어나 낙숫물 받는 양동이를 비워야 한다면 집이 넓은 것은 스트레스만 될 뿐이다.

　이들의 경우 어차피 아파트를 살 수는 없는 자금 규모였기에, 재개발과 상관없는 지역의 신축 빌라를 사는 것도 괜찮은 선택이었을 수 있다. 그러나 새 빌라는 전세를 끼고 샀을 때 투자 수익이 많은 것이지, 거주하면서 주변 시세만큼 오르기를 기다리는 것은 쉽지 않다..

그 신혼부부는 필자가 구해준 집에서 3년을 살았다. 구역 지정 전에 샀는데 3년이 지나도 사업시행인가는 나지 않았다. 다만 외지인들의 손을 타 가격은 2배 이상 올랐다.

비과세 요건을 충족한 뒤 그 집을 팔아 인근의 기존 아파트 24평형으로 갈아타도록 했다. 24평 아파트 오르는 비율보다 재개발 지분 가격 상승률이 훨씬 높았기 때문에 거의 융자 없이 무혈입성을 할 수 있었다. 만일 3년 전, 재개발이 아니라 24평 아파트를 융자 내서 샀다면 아직도 이자와 원금을 분할 상환하고 있었을 것이다. 아파트에 입주하던 날, 이제 아이를 가져도 되겠다고 말하던 부부의 환한 미소가 잊히지 않는다.

경제성장률이 정체라는 둥 물가가 오른다는 둥 경기가 바닥이라는 둥 수많은 심리적 악재가 판을 쳐도 그 안에 반드시 블루칩 시장은 존재한다. 앞의 사례가 누구에게나 맞는 투자방식은 아니지만 내집 마련에 대한 마음가짐을 한번 가다듬어볼 기회가 되길 바란다.

2

재개발 투자가 좋은 이유

최근까지도 부동산 가격을 좌우한 것은 재건축 시장이었다. 저밀도 아파트 재건축이 시작되면서 강남 도곡동, 역삼동, 잠실지구, 심지어는 강서 화곡지구까지 가격이 엄청나게 올랐다. 그런데 알고 보면 재건축은 수익성 판단이 너무 간단하다. 한 사업지구 내의 평형별 대지 지분이 거의 같기에, 지금의 이 평수에 몇 평 아파트가 떨어질지 계산이 되고 추가부담금도 쉽게 예상할 수 있다.

예를 들어 어떤 아파트 17평형이 추가부담금 2억 원을 내고 32평으로 갈 수 있다고 가정하고 주변 32평 아파트 시세가 10억 원이라면, 17평 아파트는 거의 8억 원에 육박하는 가격으로 오르는 것이 재건축 시장이다. 대부분의 사람이 똑같은 정보를 공유하고 있기에 전반적으로 아파트 가격이 상승한다는 가정이 없다면 재건축 시장에서는 수익을 보기가 어렵다. 물론 적지 않은 자금력이 있는 사람만 도전해볼 수 있는 시장이기도 하다.

단적인 예로 시중에 재개발 교육기관은 많지만 재건축 교육기관은 없다. 이는 이미 많은 사람들이 이에 대해 알고 있다는 뜻이다. 누구나 다 알고 있고 이 시장이 그간 부동산 가격을 이끌어왔기에 정부에서도 규제책만 계속 내놓고 있다. 언젠가는 완화해줘야 하는 것이 사실이지만, 섣불리 풀었다가는 또 한 번 시장이 미친 듯 날뛸 것이 명약관화하기 때문이다.

그러나 재개발의 경우에는 슬금슬금 규제를 완화하고 있음에도 불구하고 시장이 눈에 띄게 움직이지는 않는다. 한마디로 똑똑한 소수들이 이익을 보고 있는 미지의 신대륙인 것이다. 재개발 시장은 자금력이 부족한 사람이라도 얼마든지 돈을 벌 수 있는 시장이다. 재건축 시장에서 이익을 본 투자자들이 부러운가? 그렇다면 시장의 흐름에 몸을 맡기고 떠오르는 재개발 시장에 뛰어들어야 한다. 부동산으로 큰 수익을 볼 수 있는 시장은 당분간 재개발, 뉴타운밖에 없다고 해도 과언이 아니다.

물론 분양가 상한제가 시행되면서 재개발·재건축의 수익률이 떨어지게 된 것은 사실이다. 심지어 용인, 파주, 일산 등 택지개발지구 인근에서 분양했다 하면 '묻지 마' 청약하던 시절도 갔다. 아파트 개발 역사 이래 최고로 미분양이 적체된 시점에서 주변 시세와 동떨어진 고분양가는 여지없이 미분양의 고배를 마시고 있다.

그러나 필자는 분양가 상한제가 계속 지속될지는 의문이며, 최소한 완화될 것이라고 생각하고 있다. 그리고 재개발의 경우 상한제가 없어지거나 완화되기 이전에 전반적인 사업의 수익성은 떨어질지언정 조합원의 권리를 찾을 수 있는 장점은 많이 있다.

먼저 재개발 지역에서 분양가 상한제가 시행되면 중대형 평수는 채권입찰제가 따라붙는다. 싸게 받는 만큼 채권을 사야 하는데, 실제로 채권을 사는 것은 아니고 채권을 할인하여 분양금을 추가 부담하는 셈이다.

그렇다면 이것은 일반 분양 대상자가 아닌 기존 조합원 입장에서는 무엇을 뜻하는가? 조합원 프리미엄을 최소 채권만큼은 더 받

분양가 상한제와 채권입찰제

분양가 상한제란 택지비+건축비+가산비용의 상한선이 책정되는 제도로, 공공택지 내 공공주택 또는 전용면적 85㎡ 이하의 민영주택에 적용된다. 일반 1순위보다 무주택 공급 우선순위를 75%로 확대한 것으로, 재당첨 금지 기간은 기존 5년에서 10년으로 확대되었으며 전매 금지 기간도 기존의 입주 시 등기완료에서 계약일로부터 10년으로 확대됐다.

채권입찰제는 분양가 상한으로 인해 주변 시세의 90% 미만에 분양될 경우 수요자가 써낸 채권 액수 순으로 당첨자를 가리는 방식을 뜻한다.

는다는 뜻이다.

또 한 가지, 민간 택지에서도 분양가 상한제를 적용받는 아파트는 전매 제한을 받는다. 이 말은 수도권에서는 최소한 5년 안에는 아파트를 팔지 못한다는 뜻이다. 이는 기존 물량을 시장에 내놓지 못해 자금의 유동성을 완전히 떨어뜨리는 결과를 초래할 것이다. 쉽게 말해 시장에 기존 매물이 현저히 줄어들게 된다.

그런데 조합원분은 준공이 되더라도 전매 제한을 적용받지 않기 때문에 매우 희소성 있는 물건이 된다. 공급이 없는데 수요는 많고 거기에 희소성 있는 조합원분들만 있다면, 분양가 상한제로 떨어졌던 수익을 아파트 준공 후에 그 이상으로 챙길 수 있다는 얘기다.

필자가 보기에 분양가 상한제는 단순히 현 시점의 공급가액을 낮출 뿐 뒤의 일을 생각지 못하는 근시안적 정책으로 보인다. 물론 전매 제한을 풀어주면 분양가 상한제를 적용받은 아파트들이 투기의 온상(?)이 될 수 있고 암거래 시장의 형성 가능성도 높아 보이니 정부 입장에선 이래저래 사면초가이긴 하다.

다들 목을 맨다는 신도시. 하지만 1기 신도시를 비롯하여 새로 생긴 신도시들의 위치를 보라. 과연 강남을 대체하거나 수도권, 혹은 서울로 출퇴근하는 수요자들이 만족할 만한 위치인지를. 더구나 사상 최고의 고유가 시대를 맞아 기름 값이 오르고 교통비가 늘수록 직주근접에 대한 열망은 커져만 간다. 신도시든 택지개발

지구든 충분한 자족 기능을 갖지 못한다면 수도권의 도심 재개발이 완성되었을 때 비교를 불허하게 된다.

　재개발 지역 중에서도 옥석을 가려야겠으나 분양가가 높은 지역, 주변 시세가 높은 지역에 투자하는 것이 핵심이다. 재개발 조합원 매물을 팔든, 아파트가 준공된 뒤 팔든 자유지만 어느 쪽이든 기대 이상의 수익을 얻을 것이다.

정부를 믿지 말고 시장에 나를 맡겨라

지금도 정부의 말을 듣고 부동산 투자를 할지 말지 결정하는 사람이 있을까? 노 정권의 부동산 정책 실패에 이어 이 정권의 미국 소고기 파동에서 보듯 정부 불신이 하늘을 찌르는 요즘이지만, 그래도 혹시나 '아직도' 정부를 믿는 사람이 있을까 하여 한마디 적고자 한다.

현재 대한민국의 내집 마련 수요자치고 정부에 뒤통수 맞았다는 느낌 한번 안 받아본 사람은 없을 것이다. 2006년, 당시 건교부 장관이 나와 집 사지 말라고 해서 믿고 안 샀던 사람들은 처절하게 뒤통수를 맞았고, 참여정부는 '투기와의 전쟁'까지 선포하며 으름장을 놓았지만 이 시절에 투자한 사람들은 모두들 대박이 났다. 그런데도 더 이상 공공기관이나 대통령을 믿을 수 있겠는가?

이른바 전문가들 또한 마찬가지다. 어떤 분야의 전문가라는 사람들은 어느 정도 예측을 하는 사람이지, 정확히 짚어내는 사람이 아니다. 특히 공공기관에 있는 사람들은 말 한마디 잘못하면 옷을 벗어야 한다. 대개 최고의 전문가들이 가장 높은 자리에 앉아 있지만 이런 사람들은 자신이 전문가라도 말을 잘 하지 못한다.

그나마 소신 있게 말하고, 틀리든 맞든 자기 자리를 유지할 수 있는 사람은 사설 기관이나 기업, 자기 사무실을 운영하는 사람들 뿐이다. 주장이나 예측을 잘하는 사람은 잘못됐을 때 책임을 안 져도 되는 사람이므로 너무 맹신하지 말라는 얘기다.

눈물이 앞을 가리는 사연을 하나 소개하겠다. 참고로 이분은 필자와 절친한 지인인데 편의상 형님이라 부르겠다.

노 정권 하에서 언론사들이 짠 듯이 이구동성으로 부동산 투자하지 말라고 하니, 우리 형님께선 신문 기사만 금과옥조로 삼고 실제 업을 하는 필자의 말은 전혀 귀담아 듣지 않았다.

"형님! 이 물건 괜찮으니까 빨랑 사!"

"야, 넌 수수료 받을 데가 그렇게 없냐?"

일껏 전화해주면 이런 식으로 반응하니 이렇게 서운할 수가! 다른 사람 같으면 몇 번 권하다가 마음을 거둬버렸을 텐데, 장가도 못 간 형님 아파트 하나쯤은 마련해드려야 하지 않겠는가? 내내 마음이 쓰이는 형님이셨다.

2006년의 상황은 잠재 수요를 신규 분양으로 몰든가, 아예 잠재워버림으로써 부동산 가격 상승을 막는 방법밖에는 없어 보였다. 현장에서 보면 대기 수요는 두 눈을 시퍼렇게 뜨고 언제 살까 재고 있는데, 막상 시장에 흘러나온 물건은 그다지 많지 않았다.

정부는 연말쯤이면 양도세 회피 물건이 봇물 터지듯 나올 것이고, 그렇게 되면 집을 짓지 않고도 늘어나는 공급량이 몇 만 세대의 아파트 분양 물량 이상이라며 떠들 때였다. 당시 필자는 지금이 부동산 가격의 폭풍 전야가 아닌가 하는 이상한 예감이 들어 주변에 집을 사라고 권유하고 다녔다. 그리고 여전히 우리 형님은 필자의 말을 듣지 않고 아파트 살 시기를 늦추고만 있었다.

그런데 이게 웬일인가? 그렇게 집 사지 말라고 당근과 채찍으로 수요자를 꽁꽁 묶어두었던 추 전 장관님이 느닷없는 검단 신도시 발표를 하시는 게 아닌가. 뭐가 그리 급했을까. 서울시내 50개 뉴타운 공약으로 당선된 오 시장님도 아직까지 몸 사리며 4차 뉴타운 발표를 늦추고 있는데 말이다.

어쨌든 그러면서 집값이 폭등하기 시작했다. 적체되어 있는 수요자들에게 검단 신도시 발표는 폭탄의 도화선에 불을 붙인 것이나 다름없었다. 사실상 시장에 큰 영향을 미칠 중요 호재는 아니었지만, 대규모 부동자금이 대기한 상황에서 가격 상승의 도화선 역할을 하기에는 충분했다.

모든 경제 원리의 기본은 수요와 공급이다. 가격은 수요와 공급의 미묘한 줄다리기에서 결정된다. 상대적으로 공급이 적거나 수요자가 많으면 당연히 가격은 오른다. 수요자와 매도자 간 손바뀜은 일 년 열두 달 골고루 분포되어야 정상인데, 수요자들을 연말로 모두 몰아놓고 검단 신도시 발표까지 했으니 시장이 안정될 수가 있었겠는가? 폭발하지 않으면 그게 이상한 것이다.

어쨌거나 필자의 입장에서는 평생 이때처럼 부동산 중개가 잘 되던 시절이 없었던 것 같다. 그동안은 가뭄에 콩 나듯 매매계약서를 썼는데 순식간에 일주일에 몇 개씩 매매가 이루어졌다. 이는 필자의 사무실만 그랬던 게 아니라 전반적으로 다 그랬다. 폭등의 소용돌이 속에서 몇 년 동안 붙잡혀 있던 가격이 한꺼번에 오르는 느낌이었고, 사실 이때 오르기도 많이 올랐다. 그리고 집 없는 서민들은 올라서 못 사고 없어서 못 사는 또 한 번의 안타까운 현실을 견뎌내야 했던 시기였다.

바빠서 신경을 못 쓰고 있던 새에 정부 말, 언론 말 잘 듣는 1등 학생인 우리 형님, 아니나 다를까 상의도 없이 이미 저지르셨다. 갑자기 집값이 오르자 급한 김에 집을 사긴 샀는데 하필 검단에 가서 산 것이 아닌가! 지금이라도 사야 한다며 용감하고도 애달픈 마음으로 돈 싸들고 가서 바가지 톡톡히 쓰며 사셨다. 교통 여건이 좋은 것도 아니고 흔히 말하는 버블 세븐 지역의 수요를 분산시킬 만한 입지도 아닌 그곳에 말이다. 이게 다 신문 지면의 '검단 용비어천가' 때문이었다.

2005년 부동산 전망

	부동산114	스피드뱅크	내집마련정보사	닥터아파트	유니에셋
집값 전망	하향 조정	전반적인 가격 하락	하향안정세(매매 1~2%, 전세 3~5% 하락)	매매 1~2%, 전세 2~3% 하락	수도권아파트 2%, 연립 3% 하락
내집 마련 시기	매물 동향을 살피는 것은 매물 있으면 언제든	내년 상반기	현재부터 연말까지 (최저점)	내년 말	내년 하반기
시장 변수	경제 성장 및 경기 동향, 부동산 정책	정부 정책	정부 정책(규제 완화 여부, 금리, 경기 회복 속도	정부 정책, 경제 성장률, 금리	정부 정책(특히 규제 완화 정도와 시기), 행정 수도 이전 후속 대책)
투자 전략	장기적 관점으로 전환, 신설 지하철 역세권	기존 뉴타운 지역, 수도권 및 개발 호재 있는 토지	개발 호재와 발전 가능성 있는 지역(판교, 마주, 서울 목성 등)	단기 차익보다는 장기적 접근, 투자 수익도 크지 않기 때문에 기대 심리 낮추는 자세 필요	환금성 중시, 개발 호재, 역세권, 중소형 아파트가 테마

누군가 미래 예측을 하거든 참고만 하라. 겸허 예측을 할 수 있는 사람들이 대부분을 맞아도 그만, 안 맞으면 본전인 사람들이다. 그런 사람들이 전문가라고 자청하는데, 소 뒷걸음질에 요행히 쥐가 밟히면 그 사람은 부동산계의 대단한 고수로 칭송받게 된다. 시장동향은 참고 사항일 뿐 미래의 일은 아무도 모른다는 걸 명심하라.

당시를 돌아보면 그 정책이 수요 공급 조절을 잘못한 대표적 정책이 아니었나 싶다. 또한 언론과 자칭 전문가라는 사람들의 말 한마디가 시장에 얼마나 영향을 미치는지, 나쁘게 보면 '묻지 마' 투자자, 좋게 보면 순진한 수요자가 시장에 얼마나 많은지를 단편적으로나마 보여준 사례가 아니었나 싶다.

정부만 믿었던 우리 형님, 그 집은 어떻게 되었느냐고?

지금 검단은 약보합으로 신도시 발표 전의 가격으로 돌아갔다. 그리고 형님은 검단에서 을지로까지 대중교통편이 좋지 않아 비싼 기름 값 감수하며 자가용으로 열심히 출퇴근하고 계신다. 술이라도 한잔 하는 날에는 대리운전비도 서울의 '따블'이라고 한다.

애초에 은행 융자 조금 받아서 서울의 저평가된 아파트나 재개발 예정지에 사두었다면, 집값도 올랐을 것이고 빌린 융자는 현재 들어가는 교통비로 상계하고도 남았을 텐데, 검단까지 매일 출퇴근하느라 본의 아니게 부지런해진 형님을 보면 안타까운 마음뿐이다.

그러나 어디에다 하소연하겠는가? 내 투자의 결과는 오직 나의 책임일 뿐인데. 귀가 얇아 실패했든 엉덩이가 무거워 실패했든 투자의 결과는 오롯이 나의 몫인 것이다.

4

집 투자의 패러다임이 바뀐다

서브모기지 파장 운운하며 집값 하락을 우려하더니 이제는 '상투', '고점' 논쟁이 한창이다. 쓸 만한 곳은 이미 벼락같이 올라서 지금 들어가봐야 속칭 '먹을 게 없다'는 얘기다.

그러나 기억하는가? 1995년 여름 당시 아파트 재건축 사업이 초미의 관심사였던 그때, 국내 유수의 J신문은 1면 톱기사로 '재건축 상투 잡았다'라고 시커먼 박스 안에 제목을 커다랗게 집어넣고, 대대적으로 몇 면에 걸쳐 보도했다. 문제의 아파트는 잠실 주공 12평으로, 1억 2,000만 원에 거래되어 최고가를 경신했다며 투기 과열을 우려하는 내용이었다. 그 우려는 재건축 지분 값이 오를 때마다 수백 번 되풀이되었고, 입주를 앞두고 한 채당 10억 원을 가뿐히 넘어선 지금도 여전히 '상투' 우려는 계속되고 있다.

굳이 10년도 넘은 옛날의 예를 들 것도 없다. 2006년은 많은 부동산 투자자들의 희비가 엇갈린 해였다. 정부 말을 안 듣고(?) 여름 전에 매수했던 투자자는 많게는 몇 억 원, 적게는 몇천만 원이라도 오르는 재미를 보았고, 실수요가 몰려들었던 가을, 겨울에 부르는 대로 다 주고 산 투자자들은 1년 넘는 숨고르기에 꽤나 갑갑했을 줄로 안다. 남들이 다 산다니까 그야말로 '아무데나' 산 투자자도 포함해서 말이다. 그러나 정작 문제는 그때에도 내집 마련에 실패해 전월세로 눌러앉을 수밖에 없었던 사람들이다. 아파트는 너무 오른 것 같아 못 사고, 빌라나 다세대는 안 오를 것 같아서 못 사고….

2006년 말, 많은 내집 마련 수요자들이 갈피를 못 잡고 우왕좌왕하던 그때, 사무실 근처 빌라에 전세로 거주 중인 40대 초반의 한 남성이 찾아왔다.

"한 푼 두 푼 적금을 모은 다음에 대출 받아서 집을 사려고 했는데 이건 뭐 전세금 올려주기 바쁘니…."

자녀들의 학교 문제도 있고 이젠 아예 돈을 모으는 것 자체에 흥이 나질 않는단다. 이분의 푸념을 찬찬히 들어보니 매수할 대상을 아파트로만 한정 짓고 있었다. 하긴 그간 '집값 상승'의 대명사는 아파트였으니 그렇게 생각하는 것도 무리도 아니다. 집값의 지표가 강북, 혹은 강남 아파트 값이 되다 보니 아파트 외 주거 수단의 가격 상승에 대한 체감은 현업에 있는 사람 외엔 느끼기 힘든 게 사실이기 때문이다.

이런 분에게 꼭 집을 사줘야 된다는 묘한 책임감에 사로잡힌 필자는 장장 두 시간에 걸쳐 아파트만 집이 아니고 아파트 외에도 투자 대상이 많다는 얘기를 들려줬다. 아파트가 급등하면 대체 효과로 단독이나 빌라 등의 가격도 상승한다는 것, 또 도정법에 의한 아파트만 새 아파트로 변하는 게 아니라 노후 주택들도 시간이 지나면 새로운 주거 형태로 개발된다는 것, 그리고 대지 지분에 대한 개념과 아파트 분양 대상에 대한 설명을 장황하게 했다.

그분은 그 뒤 필자가 권한 마포구 상수동의 빌라를 마음에 두어서 일사천리로 계약을 진행시켰다. 물론 필자의 설명을 100% 신뢰한 것은 아니었던 듯, 잔금 때는 "내가 뭣에 씌었는지 홀려서 지르기는 했는데 어쨌든 일단 내집이 생기니 기분은 좋네요" 하던 분이었다.

1년 반이 지나 2008년도 중반을 달려가는 지금, 그분 때문에 필자는 집에서 많이 혼나고 있다. 시간만 나면 술 먹자고 전화를 해서 귀가가 늦어지는 탓이다. 어찌 보면 필자도 말로 먹고 사는 사람인데 이런 필자조차 당해내지 못할 대단한 화법을 구사하신다. 큰형님뻘인데도 만날 때마다 '선생님, 선생님' 하며 깍듯하게 존대하셔서 부담스럽긴 하지만, 늦게나마 부동산의 재미에 눈을 뜬 분과의 열정적인 대화는 언제나 필자를 즐겁게 한다.

이처럼 지금은 '빌라의 반란' 시대가 되었다. 경매장에서 싼 맛에나 사는 걸로 생각했던 빌라 가격이 개발 예정지를 중심으로 아파트 가격만큼이나 치고 올라간 걸 볼 수 있고, 새집이고 헌 집이고 할 것 없이 개발(뉴타운, 재개발 등) 확정이면 3.3㎡당 3,500만 원, 개발 예정이면 3.3㎡당 2,000만 원 하는 식이니, 서울 대부분의 지역에서 빌라 한번 사보려 해도 지분 33㎡(10평)짜리면 최소 2억 원 이상을 호가하는 시대가 된 것이다.

내집 마련 수요자 입장에서는 그간 빌라, 다세대를 살 여력이 되어도 첫 내집을 아파트로 하기 위해 기다려온 것인데, 아파트는 언감생심이고 이제는 빌라로 내집 마련조차 쉽지 않게 되었다. 서울, 경기의 재개발, 뉴타운 사업이 벌어지는 동안 지분 가격은 계속 올라갈 수밖에 없다. 따라서 아직 집이 없는 분이라면 위기의식을 가질 때가 됐다.

일부 사람들이 '집값 거품론'을 내세우며 미국과 일본의 예를 자주 언급한다. 그러나 사람들이 간과하는 것 중 하나는 우리나라에만 있는 독특한 임차 제도인 '전세'다. 필자는 단적으로 말해 전세 제도가 존속하는 한, 집값 떨어질 일은 전혀 없다고 본다. 물론 역세권과 인기 지역을 중심으로 월세가 정착되어가는 추세이긴 하지만, 투자자들이 가장 애용하는 투자 방법 중 하나가 '전세 끼고 구매'이기 때문이다.

전세를 끼면 시세의 10~50%선의 현금만 갖고 있어도 얼마든지 투자가 가능하고, 이 비용은 은행 담보대출처럼 다달이 이자가 나가는 것도 아니므로 아무 걱정 없이 2년 이상 묻어놓을 수 있다. 대출보다 확실한 이 지렛대 원리를 이용해 10채, 100채 보유한 투자자도 주변에서 어렵지 않게 찾을 수 있다.

종부세, 2주택 이상 양도세 중과세 때문에 '똘똘한 집 한 채'에 올인한다는 건 실수요 무주택자들에나 해당되는 말이고, 진짜 투자자들은 주택 보유수가 늘어나는 걸 두려워하지 않는다. 세금이란 이익이 있는 곳에 존재한다. 세금이 무서워 이익도 회피할 것인가? 합법적으로 낼 것 내고, 합법적인 절세 방법을 찾는 것이 진짜 투자자들이기 때문이다.

2006년까지 부동산 투자계의 황태자는 단연 재건축이었다. 주거 시장에서 가격을 이끄는 선두 주자의 역할을 해왔다고 봐도 과언이 아니다. 그러나 2007년부터 2008년 가격 상승률을 보면 재개발, 특히 구시가지 개발이 눈에 띄게 가파른 상승세를 보이고 있다. 이는 법률 및 제도적인 측면을 볼 때 당연한 결과이다.

재건축과 재개발은 지금은 도시및주거환경정비법(이하 도정법)으로 통합되어 추진되고 있으며 재개발을 활성화시키기 위해 '도시재정비촉진을 위한 특별법'이 2007년부터 시행되고 있다. '촉진'이라는 단어를 보면 어떤 생각이 드는가? 촉진시키는 법률이 나오면 활성화되는 것은 의심의 여지가 없다. 그저 재건축이 끝나고 먹을 게 없으니 풍선효과로 인해 재개발이 오르는 것은 아니라는 애기다.

그런데 아직도 재건축의 옛 영화에 집착하는 분들이 많다. 해본 투자에 대한 확신이 아니라 어쩌면 관성이 아닌가 생각될 정도이다. 대부분은 재건축으로 재미를 좀 봤으니 몸과 마음이 익숙한 곳을 따라가고 싶은 마음을 모르는 바는 아니다. 그러나 투자는 대상을 옮겨 다니는 것이다. 단순히 했던 것을 계속 하려는 것은 동네에 이마트가 생기는데 슈퍼마켓 운영을 고집하는 것만큼이나 무모한 일이다. 이미 주변 기반시설이 양호한데 단순히 집만 낡은 것은 그 가격에 이미 새집으로 변할 예상치에다 환경 프리미엄이 반영돼 있다.

그러나 재개발은 단순히 헌 집이 새집으로 바뀌는 차원의 변화가 아니다. 예전의 재개발은 어떤 노후된 주거지역을 갈아엎는 정도였지만 지금의 재개발은 뉴타운 또는 도시재정비촉진지구라는 광역 개발을 통해 이뤄진다. 기반시설이 열악한 곳에 주택과 함께 나머지 시설도 추가적으로 보완되기에, 개발 완료 시점에는 기반시설에 대한 프리미엄까지 가격에 반영된다. 어떤 쪽이 개발에 대한 투자 이익이 많을지는 분명하게 보일 것이다.

어쨌든 고급 정보와도 차단돼 있고 심리적으로 장기 투자를 할 수 없는 일반적인 소시민들은 어떻게 투자를 해야 할까?

소유가 아닌 이용의 개념으로 봤을 때, 부동산은 수익형 상품과 투자형 상품으로 나뉜다. 수익형은 말 그대로 내 부동산을 다른 이에게 대여해주고 일정 금액을 대가로 받는 것이다. 상가, 오피스텔, 오피스 빌딩 등이 대표적이다. 투자하면서 기다림만은 정말 내 스타일이 아니다 생각하는 분, 노후 대책용 부동산을 찾는 분이라면 수익형 부동산을 택하기 바란다.

투자형 상품은 내 부동산을 남이 이용하더라도 이용의 대가는 은행 이자나 물가상승률 이하에 머무는 정도이며, 수익의 차이는 그 부동산 가격으로 보상받는 상품이다. 토지라든가 개발지역의 주택 등이 그렇다.

투자형 상품들은 대개 기다림의 미학을 실천해야 한다. 그러나 투자형 부동산 중에도 신속한 개발이 예상되고 사업의 진척도를 체크할 수 있고, 투자 이후의 상황을 언론이 늘 알려주어 변화상을 간접적으로나마 느낄 수 있는 것이 재개발이다.

또한 가수요가 존재하는 곳에 투자하자. 환금성은 가수요가 존재해야만 좋아지는 게 사실이다. 그렇기 때문에 보통 최종 실수요자가 가장 높은 금액을 주고 사는 것은 안타깝지만 받아들일 수밖에 없는 현실이다. 물건보다 매수자가 많으면 가격은 당연히 오른다. 그러므로 누구든 욕심을 내는 지역이어야 할 것이다.

인구가 점차 줄어들 것이므로 집이 남아돌아 집값이 폭락한다는 예측은 틀린 말이다. 인간은 욕망의 동물이며, 누구나 더 고급 주택에서 살길 원한다. 지방 도시는 사업지 전체에 청약자가 한 명도 없어 주공이 대신 매입한다는 기사도 나오지만 판교나 은평 뉴타운, 앞으로 분양될 송파 같은 곳은 어떨까? 청약하는 사람들이 죄다 무주택자들만 있는 것은 아니다. 꾸준히 좋은 집을 갈망하기에 수백 대 일의 청약 경쟁률이 나오는 것이다. 인구가 줄어든다고 남는 주택은 열망에서 제외된 물건일 것이며, 선호 주거지의 양극화 현상은 앞으로 점점 더 심해질 것이다.

  또한 가장 인기 있는 시장은 앞으로도 주택 시장이 될 것이다. 투자에 첫 단추를 끼우는 사람이라면 주택에 투자하기를 권한다. 특히 아직 내집이 없다면 당연히 주택이 투자 1순위이다.

5

돈 버는 타이밍을 쉽게 잡는 방법

'정부 정책과 반대로 행동하면 돈 번다'는 말이 있다. 어디에나 통하는 것은 아니지만 새길 가치가 있는 말이다.

특히 부동산의 경우 어떤 정보를 많은 사람들이 공유할수록 가치가 떨어진다. 당연한 말이지만 공통적으로 알고 있는 정보에는 이익이 없다. 어디가 좋다고 신문에 나면 즉시 그 지역 시장에 가격이 반영된다. 뒤늦게 가봐야 먹을 게 없다는 말이다.

투자자의 입장에서 보자면 별다른 호재가 없는 어떤 지역의 부동산을 미리 선점해두었다가 뒤에 호재 발표가 났을 때 '최고의 수익률 한계 이익'에 매도할 수 있다. 반대로 개발 취소라든가 보류 등의 악재는 어떨까? 정부의 말을 잘 듣는 순진한 매도자는 어떻게든 빨리 물건을 처분하려고 할 것이다. 또 정부의 말을 잘 듣는 순진한 매수자는 아무리 싼 값에 물건이 나와 있어도 사려고 하지 않을 것이다.

'정부 정책과 반대로 행동하면 돈 번다'는 말은 바꿔 말하면 돈 버는 사람은 매 순간 따로 있다는 말이나 다름없다. 이는 그야말로 예측의 영역이며 리스크를 스스로 지는 행동이지만, 자신의 예측이 법률적으로, 또 시기적으로 타당하다고 판단한 투자자들은 정부 정책에 아랑곳하지 않는다. 그리고 돈 버는 타이밍은 사실 바로 이런 때였다.

국제업무지구가 들어설 예정인 용산구 서부이촌동을 보자. 2007년 4월에 용적률과 관련하여 철도청(610%)과 서울시(580%) 간에 이견이 있다며 사업자공모 취소 및 전면 재검토 얘기가 나오더니 결국 전면 취소 발표를 했다.

정부 발표에는 항상 명분이 있어야 하고 또 각 부처들은 각자의 명분 아래 힘겨루기를 한다. 반대 여론이 있어야 비로소 서로 합의하는 척한다. 아니 부처 간에 용적률 30% 이견을 보이는 것이 대수인가? 이게 사업에 무슨 지대한 영향일 것인가? 시쳇말로 정부가 '쇼 한다'고 생각한 투자자들은 쏟아져나온 실망 매물을 주워 담았다. 물론 물건을 내놓은 사람들은 정부 발표를 그대로 믿은 사람들이었다. 고작 4개월 뒤, 정부는 다시 국제업무지구 확정 발표를 했다. 매도자들의 속 터지는 마음은 누가 달래주라고!

물론 호재로 인해 일부 지역이 지나치게 달궈지면 조합원 자격을 제한하는 등 여러 가지 가격 안정 정책을 내놓지만, 이 또한 오르는 가격을 쉽게 누르지는 못한다. 세상에는 미리 결론을 정해놓고 과정을 거기에 끼워 맞추는 예측가들이 꽤나 많이 있다. 베이비붐 세대가 은퇴하면 집값이 폭락한다는 등 인구가 점점 줄어서 집들이 텅텅 빈다는 등 일본의 버블 붕괴에서 배우자는 등 여러 설들이 가격을 떨어뜨리려고 아우성을 친다. 그런데 우리나라 사람들의 소유욕과 과시욕, 그리고 사망 시에 기부 없이 소중한 자식에게 모두 증여하는 특징을 부동산 시장과 접목해보았는가? 어느 누가 감히 부동산이 공평한 이용의 개념이다, 투자 상품이 아니라고 말할 수 있겠는가? 몇 십 년간 시장 돌아가는 것을 두 눈 시퍼렇게 뜨고 지켜보았으면서 말이다.

부동산은 그야말로 늘어날 수 없는 부증성이 가장 큰 특징이다. 땅은 좁고 인구는 많은 우리나라에서 지금도 마찬가지지만 앞으로도 그 가치는 결코 하락하지 않는다. 혹시 가치가 있는 곳을 선점하고 있다면 잠시 주춤한다고 흔들리지 말자.

부동산 시장에 100% 정확한 정보란 있을 수 없지만 정치권의 공약이나 시장에 흘러가는 투자 형태, 개발 발표에 담긴 정책 의지, 그리고 악재 등을 유심히 살펴 '쇼'를 제거하자. 그리고 아무렇지 않게, 여유롭게 기다려도 보자. 가치에는 반드시 가격이 반영되는 법이다.

현장에 있다 보면 절실하게 느끼는 것인데, 우리나라 언론은 뒷북을 너무 잘 친다. 서민들이 최고로 힘들어 아우성을 칠 때에야 경기가 하향세를 띠고 있다고 발표하고, 주식시장도 연일 최고가를 갱신하다가 조정에 들어갈 때쯤 지금 주식 투자를 하라고 말한다. 2007년 말부터 벌어진 종합주가지수 및 펀드 수익률 폭락 사태는 언론을 믿고 움직이는 행위가 얼마나 위험한지를 단적으로 보여준다.

필자의 고객 중에 한 할머니가 계신다. 투자 상담을 하면서 재산 규모에 대해서 대강 들었는데 얼핏 보아도 100억 원은 넘어 보였다. 큰 사업을 한 것은 아닌 것 같은데 그 재산을 어떻게 모았냐고 여쭈었더니 답변이 걸작이었다.

"부동산에서 어디에 사가라구, 사가라구 할 때 사고, 팔라구, 팔라구 조를 때 파니까 이렇게 되더라구."

공인중개사가 사라고 조를 때가 바닥이었고 팔라고 조를 때가 항상 꼭지더라는 할머니의 말씀. 우리나라는 아직도 착하고 순진한 사람이 많기에 언론에서 발표하면 다 사려고 하고 다 팔려고 한다. 그때는 이미 바닥이고 꼭지고 모두 지나버린 것을….

6

집 싸게 사는 법,
청약통장이 최고일까

통계청 자료에 따르면 2006년 우리나라 가계의 부동산 자산 비중이 전체 자산의 60%를 넘는 등, 금융자산보다는 부동산 자산의 비중이 훨씬 더 크다. 또 2007년 11월 기준 가계대출 금액은 472조 7,000억여 원에 달한다. 우리나라 1년 국가 예산의 4배가 넘는 엄청난 금액이다. 이중 주택 구입 자금 용도로 대출된 비중은 매년 조금씩 상이하지만 50%가 넘는다.

이렇듯 내 돈만으로 집을 사는 사람은 극소수이고 대부분 거액의 대출을 일으키다 보니, 일단 내집 마련 뒤에는 이자 및 원금을 갚느라 바빠 다른 재화를 모을 여력이 부족한 것이 현실이다. 그리고 대부분의 사람들은 아파트를 분양 받는 것이 가장 싸게 내집을 마련하는 방법이라고 생각한다. 그래서 어디에, 얼마에 분양될지 모르는 청약통장만을 믿고 내집 마련을 늦추곤 한다.

전부 틀렸다는 것은 아니고, 필자는 시각을 좀 바꿔보라고 권하고 싶다. '손해 보고 판다는 건 장사꾼의 거짓말'이라는 말이 있는데, 공급자의 입장에서 한번 생각해보자는 것이다.

서울 수도권에서 이제 재개발·재건축이 아니고는 신규 주택을 공급 받을 방법이 거의 없다. 그런데 재개발·재건축은 기존의 땅과 건물주들, 즉 조합원들이 모여 조합이라는 법인을 설립하고 주택을 공급하는 입장에 서는 행위를 말한다. 이런 시장에서 일반 분양자라는 지위는 어떠한가? 조합이 최대의 이익을 남기기 위해 책정한 가격으로 집을 구입하게 된다.

그렇다면 일반 택지개발지구 내에 분양되는 아파트는 어떨까? 이 역시 마찬가지이다. 조합이라는 단체가 결성되지는 않지만 시행사가 토지를 매입하고 건축해서 이윤을 남기기 위해 책정한 가격에 사는 것이다.

'집을 싸게 사려면' 누군가 시세보다 싸게 팔든가 신규 아파트라도 싼 값에 분양을 해야 싸게 산 격이 된다. 그런데 어느 누가 시장가격보다 싸게 팔겠는가?(강제로 분양가를 낮추는 분양가 상한제가 있지만 이는 다른 장에서 언급하겠다.)

지인 중에 모 건설회사 아파트 분양팀에서 근무하는 친구가 있다. 어느 지역에 분양을 개시하니 하루 만에 다 팔렸다고 한다. 일반인이 보기에는 사업을 잘한 것처럼 보일 것이다. 그런데 분양가를 책정하고 협의한 담당자는 회사로부터 문책을 당했다고 한다. 이유는 그렇게 100% 바로 분양될 정도로 가격을 싸게 책정했기 때문이었다.

일반 분양은 사업이 약속대로 진행되고 입주할 수 있는 시간이 정해졌다는 장점이 있을 뿐 절대로 싸게 구입하는 방법이 아니다. 만일 싸게 구입했다면 어떤 시점을 기준으로 싸게 산 것일까? 분양 당시? 입주 후?

대개의 사람들에게 부동산 투자는 전 재산을 거는 일이다 보니, 모든 것이 명확하게 정해진 곳(안심하고 기다릴 수 있는 곳)에 투자를 해서 사고 싶어하는 마음은 이해한다. 그러나 조금 더 긍정적으로, 공급자의 측면에서 본다면 주택을 싸게 구입하는 방법은 공급자 중의 하나인 조합원으로서의 권리를 취득하는 것이 정답이다. 다만 조합이라는 것은 아파트를 언제 공급하겠다는 시간이 정해져 있지 않을 뿐이다.

기다리는 동안 내 부동산의 가치가 떨어지거나 손해를 보는 게 아니다. 오히려 공급 시점이 정해지는 순간 내 부동산의 가격은 이미 입주 후의 가격, 또는 개발에 대한 기대감이 반영된 그 이상의 가치가 반영된다. 그러니 단지 시간이 문제일 뿐이다. 앞으로 구도심 개발의 당연성이 부각되고 신도시 정책의 문제들이 대두되면서 그 가치는 더욱 올라갈 것이다.

또한 재개발은 내가 살고 싶은 지역을 내 마음대로 고를 수 있다는 장점도 빼놓을 수 없다. 청약통장을 신주단지처럼 모시다가 용인 흥덕에 분양한다고 하면 허위허위 가서 청약하고, 파주에 분양한다고 하면 또 생전 가보지도 않았고 당첨되지 않으면 평생 살 일이 없을 지역에 쫓아가서 청약하는 것은 좀 아니지 않은가.

'언젠가는 되겠지'라고 애써 자위하며 청약통장만 틀어쥐고 오르는 집값을 방관하지 말자. 또 모든 가치가 이미 반영된 가격으로 사지 말고 가치가 정해지는 순간까지 기다릴 수 있는 마음으로 내가 원하는 지역의 재개발을 택하기 바란다. 이게 고수들이 말하는 '돈의 길목을 지키는 방법'이다.

7

면목동에서 생긴 일

  2007년 1월, 중랑구 면목동에서 중개업을 하는 아는 선배가 자문 요청을 했다. 마침 관심 지역이기도 했고 사무실도 구경할 겸 동네를 방문했다. 사무실 바로 위는 망우 균형발전촉진지구였고 사가정역에서 용마산 쪽으로 구리까지 용마터널이 예정돼 있었다. 주변 도로 확장 지역은 이미 토지보상비가 지급되는 시점이었고 경전철도 예정되어 있다는 것이었다.

  이 일대는 전형적인 주거지역으로 아파트가 많지는 않지만, 주변의 중랑천이나 대형 할인마트 등을 생각할 때 구청과 주민들의 의견이 수렴된다면 도정법상 얼마든지 발전 가능성이 있다고 느껴졌다.

이런저런 이야기를 나누다가 이 지역 시세는 얼마나 하느냐고 은근슬쩍 물어봤더니, 지분당 가격은 1,000만 원 수준, 매매가 대비 전세 비율이 70~80% 정도 한다는 대답이었다. 전세가가 높다는 얘기는 잠재적인 매매가 상승과 더불어 매수자도 많이 존재한다는 걸 필자는 익히 알고 있었다.

"아니, 그 정도인데 왜 전세 사는 사람들이 매수를 안 하지?"

선배는 중랑구 자체가 가격 움직임이 거의 없는 지역인데다 좋은 지역에 아파트 당첨을 받으려는 사람들이 많아 기존 집의 매수세가 거의 없다는 답변을 하였다.

필자는 중화뉴타운을 지정할 때 오히려 지역 주민들이 반대를 했던 동네 성향(다른 지역 같으면 지정해달라고 난리인데)과 비록 아주 큰 대형 호재는 아니지만 도로 여건도 좋아지고 경전철도 생기는데 가격이 오를 거라고 생각하지 않는 동네 분위기가 정말 의아했다. 순간, 재개발, 부동산에 대한 우리나라 정보 속도를 감안할 때 지금 이 시점이 폭풍 전야라는 감이 왔다.

"선배, 여기서 제일 적은 돈으로 빌라 한 채 구입하려면 얼마나 들어요?"

"음, 어디 보자…. 응, 이건 그렇게 좋은 물건은 아닌데 3,000만 원이면 되겠네."

원래는 토지이용계획확인원을 확인하고 건축물 대장을 통해 건물 면적도 봐야 하지만 등기부등본 확인으로 대신하기로 하고 대법원 사이트에 들어갔다. 해당 빌라는 3종일반주거지역에 속하고 면목역과 면목초등학교가 가까웠다. 전용면적이 66㎡(20평)가 넘어서 세가 잘 빠지는데다 무엇보다 대지 지분이 36㎡(11평)나 되었다. 아무리 도로 여건을 감안한데도 3종주거지역에서 왜 이렇게밖에 짓지 못했을까 의문이 들 정도였다. 엘리베이터를 넣으면 건축비가 올라가고 그러다 보면 분양가가 비싸지니까 일부러 적당히 팔릴 가격을 감안해서 그랬는지는 모르지만, 당시 건축주가 너무 착하게 지어놓은 것 아닌가 하는 생각이 들었다. 더 좋은 것은 동네 자체의 노후도도 어느 정도 무르익어 보인다는 점이었다.

전형적인 주거지역이나 개발 호재가 없는 곳의 경우 대지 지분의 개념보다는 전용면적 기준으로 '3.3㎡당 얼마'에 팔리는 것이 대부분이다. 그렇다면 이 지역 사람들은 새 빌라를 선호하거나 그저 전체적인 가격을 중시하는 것이 아닌가 하는 느낌이 강하게 오는 물건이었다.

전세 가격은 8,500만 원, 그것도 5년 전 금액 그대로 한 번도 올리지 않고 살고 있단다. 매매 가격은 1억 1,500만 원. 부대 경비를 빼고 3,000만 원만 있으면 살 수 있는 물건이라니 매도자가 정말 팔 생각이 있는지 의문이 들 정도였다.

"선배, 이 물건 출발돼요?"

업계 말로 주인을 나오게 할 수 있느냐는 뜻이다. 선배는 근처에 사시는 분이니 아마 가능할 거라며 전화기를 들었다.

주택 가격 상승기에 흔히 일어나는 일 중 하나는 매도자가 금액 합의를 해놓고 마음이 바뀌어 계약을 취소하는 경우이다. 집 구경도 안 하고 느닷없이 전액을 지불하겠다고 하면 주인 입장에서는 더럭 의심도 나고, 자신이 모르는 무슨 호재라도 있나 싶어 물건을 거둬들일 수도 있었다. 그러니 적당한 핑계를 만들어야 했다.

지금 집을 사놓고 외국에 다녀와야 하는 형편이라 여러 번 나오기가 힘들다, 오늘 계약금, 중도금, 잔금을 모두 드릴 테니 등기권리증을 가져오시라고 말씀드렸다. 파시는 분 입장에서도 오늘 계약해서 빨리 받으면 좋지 않으냐 하니 매도자 역시 수긍했다. 결국 법무사 대기시켜놓고 매도용 인감을 떼어오게 해서 그날 등기를 다 넘겨받았다.

집 한 채가 계획 없이 늘어나고 보니 일이 거꾸로 진행되었다. 원래는 집을 사기 전에 알아봐야 했어야 할 사항들인데, 사놓고 나서 지역 분석을 하게 되었으니 말이다. 그런데 분석을 하면 할수록, 이 정도면 각광받는 서울의 뉴타운이나 재개발 지역에는 못 미친다 하더라도 나름 중박감은 된다는 느낌이 왔다.

중랑구청 사이트와 인터넷 검색 결과 풍부한 호재(경전철, 도로 확장, 신규 터널 등)와 강한 개발 의지를 확인할 수 있었고, 주변의 친한 사람들에게 사줘도 욕은 안 먹을 곳이라는 확신이 생겼다. 그리고 나서 주변 부동산을 뒤지기 시작했는데, 과연 내가 산 물건이 제일 좋은 것이 아닐 정도로 동네에 괜찮은 물건이 많이 있었다. 이런 표현은 좀 그렇지만 낚시를 하러 갔는데 물 반, 고기 반의 느낌이랄까.

평균 투자 금액 3,000만~4,000만 원선에서 10채 정도를 지인들에게 연결시켰다. 원체 투자 금액이 적은지라 다들 도장을 들고 달려왔다. 어디에 산다고 소문이 나면 가격이 급상승하기 때문에 모두에게 입단속을 단단히 시켰다. 이 단계에서 제일 중요한 것은 소문을 내지 않는 일이다.

1년쯤 뒤, 필자가 산 빌라의 세입자에게서 전화가 왔다. 화장실에서 물이 새니 고쳐달라는 부탁이었다. "어느 집에서 물이 새는 건지 알아보시고 이 집의 문제면 돈을 보내드리겠고 윗집 문제라면 윗집에서 내게 하세요" 하고 통화를 마치고 나자, 문득 그 동네가 어떻게 변했을지 궁금해졌다. 물건을 사놓고는 일에 치이기도 했고 이런저런 바쁜 일이 있었던 터라 별로 떠올린 적도 없고 심지어 가보지도 못했던 것이다. 그래서 집의 문제 생긴 것도 볼 겸 다시 한 번 시장조사도 할 겸 해서 만날 약속을 잡았다.

1년 만에 간 면목동은 동네 곳곳에 해지고 때 탄 현수막이 걸려 있었다. 현수막 건 지 최소한 3개월은 지나 보였는데, 문구는 '경축 경전철 확정' 이런 내용이었다. '이 정도로 잔치할 분위기면 알아서 가격은 올라갔겠구나' 생각하고 내 물건을 소개해줬던 선배의 중개업소를 찾았다.

선배는 필자를 만나자마자 "야, 여기 지금 엄청 올랐다. 그때 너

살 때 나도 하나 사둘걸. 자신 있었으면 나한테도 사라고 좀 권하지 그랬냐. 어이구! 오늘 나한테 밥 사야 된다"라며 원망 섞인 푸념을 늘어놓았다.

중개업소를 10년 이상 운영하면 반 점쟁이가 된다는데 필자는 8년째이다. 내공이 부족해서 점쟁이까지는 아니지만 대강 말 몇 마디 나눠보면 사람 속을 읽을 줄은 알게 되었다고 생각한다. 집 값 올랐다니 기분은 좋지만 선배의 상대적 박탈감이 너무 커 보이는 것이 민망했다.

"그때는 선배, 돈도 별로 없고 투자할 데도 없고, 선배를 도와드릴겸 계약한 건데 운이 좋았네요"라고 말씀드리곤 "그런데 시세가 어떤데 밥 사라고 하시는 거유?" 하고 떠보았다.

필자가 샀던 물건이 도배, 장판 새로 해주고 싱크대 저렴한 걸로 교체해주면 1억 2,000만 원에 전세가 나가고 매매가는 1억 8,000만 원이라는 얘기였다. 1억 1,500만 원에 산 물건이 1년 만에 무려 6,500만 원이나 오른 것이다. 수리비를 지불하고 전셋값을 높인다면 투자 원금을 뽑고도 남는 수준이었고, 전셋값을 올리지 않는다 해도 투자 금액 대비 200%가 넘는 수익률이었다. 내친 김에 지인들에게 사준 물건들도 조사해보니 다들 비슷하게 올랐다.

설비업자를 대동하여 세입자를 만나보니 물이 새는 건 윗집이 원인이었으나 반반씩 내기로 했다. 그리고 다시 선배를 모시고 소주 한잔을 걸치며 두런두런 이야기를 나누었다. 부동산의 내재 가치에 대해, 그리고 어떤 호재가 가격에 어느 정도 영향을 미치는지, 아직도 저평가된 부동산은 어디인지 등등. 선배는 이제라도 이 동네에 빌라 하나 사둬야겠다는 말을 남기고 멀어져갔다.

8

뉴타운 시장엔 전문가가 없다

주식시장에는 이른바 전문가로 불리는 사람이 꽤 많다. 이름 뒤에 몇 십 년의 투자 경력, 자산 관리 규모, 평균 수익률 몇 %라는 화려한 프로필이 붙는 분들 말이다. 우리나라 주식시장은 1930년 '취인소'라는 이름으로 처음 열렸는데, 본격적인 의미의 주식시장이 열린 것은 30년 정도 되었다. 겨우 12개사 정도가 거래되던 1956년, 상장 기업이 356개로 늘어난 1978년을 지나 오늘날까지 수많은 전문가와 성공 투자자, 투자 실패자가 울고 웃었다.

자, 이쯤에서 질문을 던져보자. 그렇다면 뉴타운(도시재정비촉진지구) 시장의 전문가와 실패자는 얼마나 존재할까?

정답 먼저 말하자면 전문가도 없고 실패자도 없다. 왜냐하면

2008년 5월 현재 도정법으로 사업이 시행되어 마무리된 뉴타운지구가 아직 없기 때문이다(2003년 7월 도정법 시행에 이어 2006년 7월 도시재정비촉진법이 시행되었다).

종전 도시재개발법부터 시작해서 뉴타운지구 내에서 부분적으로 구역별 사업이 끝난 현장은 있지만, 도정법 하에서는 사업이 진행 중인 곳은 있어도 완료된 뉴타운지구는 없다는 뜻이다(뉴타운지구 내에 여러 방식의 구역 또는 동일 사업 방식의 구역들이 모여 뉴타운지구를 형성함).

자타 공인 전문가라면 수많은 경험과 지식, 노하우로 무장된 숙련자가 아닐까? 그러나 주식시장처럼 수많은 사이클을 돈 것도 아니고 아직 완성된 곳도 없고 열린 지 갓 5년 된 시장에 무슨 전문가가 있을 수 있겠는가?

필자도 컨설팅을 하지만 다른 사람들은 컨설팅을 어떤 식으로 하는지 궁금해서 소위 전문가란 분을 찾아가본 적이 있다. 그 사람에겐 뭔가 색다른 평가 기준이나 논리가 있는지, 이 문제에 대해 필자는 이렇게 생각하는데 다른 사람은 어떻게 판단할지 궁금하기도 했다.

이름만 대면 대부분 알 정도로 유명한 사람이고 업계에서는 나름 좋은 평판도 얻은 사람이었지만 1시간여 동안 긴 이야기를 나눈 결과, 결론은 '내용 없음'이었다. 부동산 시장의 흐름에 대한 개요를 들려주고 전체적인 공부(?)를 시켜주는 느낌이랄까?

한 편의 뜬구름 잡는 기사나 칼럼을 읽은 느낌이었다. 똑똑하고 많이 아는 사람이라는 느낌은 들었지만 현실의 시장과는 좀 동떨어져 있다는 생각이 들었다. 심지어 좀 어이없어진 필자가 날카로운 질문과 함께 '이걸 짚어주시오'라고 요구하자 경계를 하고 몸을 사리며 어디서 나온 사람이냐고 묻기까지 했다(컨설턴트라는 사람이 이 정도인데 언론은 어떻겠는가? 중간이라도 가려면 언제나 비관론 쪽에 서지 않겠는가 말이다).

필자와의 대면이 이 정도인데 그저 일반 투자자라면 이 상담이 어떠했겠는가? 일방적인 강의를 한참 듣고 "이런 마인드로 이런 수준에서 결정하시면 됩니다"라는 내리나마한 결론에 "예, 예" 하며 홀린 기분으로 나오진 않겠는가? 실제 본인이 궁금했던 앞으로 어디에 어떻게 사고 어떻게 팔아야 하는지, 분산 투자는 어떤 식으로 할지에 대한 답은 얻지 못한 채 말이다.

부동산에서의 실패는 집값이 주식처럼 떨어져서 휴지 조각이 되었다는 의미가 아니다. 부동산 투자에서 말하는 실패는 상대적 실패이다. 즉, 여기가 아닌 다른 곳에 투자했으면 더 많은 수익을 올렸을 텐데 덜 벌었다는 뜻이지 까먹었다는 뜻이 결코 아닌 것이다. 부동산이 갖고 있는 영구성, 가격의 하방경직성, 뉴타운이라는 호재가 작용하여 적게는 두 배, 많게는 수십 배의 이익을 얻은 사람만 있는 것이다.

뉴타운, 재개발은 소위 말하는 작전 세력, 소수의 전문가에 의해 가격이 들쭉날쭉하는 시장이 아니다. 물론 주식처럼 환금성이 뛰어나진 않고 주식처럼 매도 물량이 공개돼 있지도 않다. 그러나 수익성 판단이 매우 간단한 구조로 되어 있어 주식 투자할 때처럼 박식할 필요가 없다. 꾸준한 발품과 간단한 지식, 정보력을 갖고 있다면 초보 개미도 얼마든지 이익을 낼 수 있는 완전히 열린 시장이다.

이미 오를 만큼 올랐으니 늦은 것 같다고, 몰라서 못 하겠다고 지레 포기하지 말자. 말했듯이 전문가도 이 시장을 다 아는 것은 결코 아니다. 그저 분석하기가 쉬우니 과감하게 입을 여는 사람들이 전문가로 평가받을 뿐이다. 과감하게 돈을 넣는 사람이 돈을 버는 머니게임이고, 하방경직성의 시장이기에 투자를 서두른 사람만이 기회비용을 절감할 수 있는 시장이다. 더 좋은 것은 먼저 투자한 사람들이 얻은 이익이 이익의 전부가 아니라는 점이다.

지금 시작해도 늦지 않았다. 해볼 만한 시장이니 망설일 필요가 없다. 개발 계획을 보고 시장을 파악하고 내 금액에 맞는 곳을 찾아보자.

9

부동산의 심리를 읽자

　대체 부동산 가격은 언제 움직이는 것일까? 보통 사람들은 부동산 투자에는 돈이 필요한 법이니 경제 상황과 맞물려 움직인다고 생각한다. 예를 들어 주식이 한참 오르고 나서 빠질 때쯤 되면 부동산이 슬슬 움직인다. 그래서 흔히들 부동산의 사이클(주기)이 주식보다 후행한다고 학술적으로 판단한다.
　그런데 물론 부동산의 후행성도 변수 중의 하나이긴 하지만 더 민감하게 반영되는 변수가 있다. 그것은 부동산 관련 법률이 공표되고 시장에 어떻게 적용되느냐이다. 어떤 법률이 적용되느냐에 따라 부동산의 가격은 오르거나 내리고 거래가 활발해지거나 소강기에 접어들기도 한다.

1998년은 분양권 전매를 무제한 허용한 해이다. IMF 때문에 부동산을 포함한 시장의 현금 흐름이 멈추고 미분양 아파트가 엄청나게 쌓였다. 그러면서 숱한 건설사들이 부도 위기를 맞게 되자 정부는 한시적인 양도세 면제 정책 및 분양권 전매를 무제한 허용하게 되었다.

이걸 미리 인식한 사람들은 입지가 괜찮은 곳의 미분양 아파트를 통매입했고, '100% 분양, 성원에 감사드린다'는 내용의 플래카드를 내걸었다. 일반인들은 그제야 '저 아파트가 인기가 있으니 분양권을 사도 되겠구나' 생각하며 프리미엄을 주고 사기 시작했던 웃지 못할 해프닝도 생겼다. 물론 분양권 전매가 계속 허용된 탓에 뒤늦게 산 실수요자들도 이익을 보긴 했다. 돈은 어느 재화에 몰리고 순환할수록 가격이 눈덩이처럼 커지는 성향이 있기 때문이다.

지금까지의 경험상 정부의 정책에는 늘 많은 허점이 있었다. 정부가 부양책을 내놓든 규제책을 내놓든, '그럼에도 불구하고' 돈 벌 방법이 있다는 말이다. 그렇다면 투자자로서 남들보다 돈을 더 많이 벌려면 어떻게 해야 할까? 아주 단순하다. 내가 남들보다 먼저 싼 값에 사서 비싼 가격에 팔면 된다.

내가 싸게 사는 시점은 언제일까? 팔려는 사람은 있는데 수요자가 적은 때이고, 개발 호재 등 고급 정보를 극소수만 알고 있을 때일 것이다. 그렇다면 오르는 시점은 언제인가? 극소수만 알던 고급 정보가 일반화되어 팔려는 사람은 없고 수요자는 진을 치는 그 시점이다.

규제책을 써야 할 때, 정부는 정책 발표 뒤에 이제 부동산 시장은 다 잡았다고 호언장담하며 겁을 준다. 인간은 좋은 뉴스와 나쁜 뉴스가 있으면 나쁜 뉴스에 더 주목한다. 그리고 나쁜 뉴스 몇 가지가 중첩되면 그것으로 아무 대책도 세우지 않고 움츠리고만 있는 자기 자신을 합리화시킨다. 해묵은 버블 논쟁과 일부 폭락론자들이 대표적이다.

큰돈을 벌고 싶다면 정부 정책에 주목하라. 바로 보고 거꾸로 보고 샅샅이 분석하고 탈탈 털어보라. 그럴 만한 능력이 안 된다면 인터넷에 공개된 자료를 분석하거나 부동산 관련 커뮤니티에 출근 도장을 찍으라. 부동산 시장은 아주 작은 정보로도 큰돈을 벌 수 있는 도깨비 방망이 같은 시장이다. 관심 분야의 세미나가 열리면 소액을 지출하더라도 꼭 참석하여 정책을 짚고 판단하라. 남보다 한발 앞서 움직이는 부지런함이 성공을 좌우한다.

시장엔 부동 자금이 넘쳐나고 정부가 적극 지원한다는 정책은 일반 서민과는 거리가 먼 경우가 많다. 해외 부동산 투자를 자율화한다고 하면 일반인들 입장에서 가슴에 와 닿겠는가?

현재의 기형적 부동산 시장을 만드는 데 가장 크게 기여한 2005년 8.31 대책을 보자. 당시 필자는 강남에서 부동산 사무소를 운영하고 있었다. 8.31 대책에서 가장 여파가 컸던 조치는 6억 원 이상의 아파트에 대해 DTI 규제를 한다는 내용이었다. 당시 32평 이상으로 매매가 6억 원이 넘는 아파트는 강남구, 양천구, 서초구 외에는 거의 존재하지 않았다. 이 정책은 확실히 강남 아파트를 잡겠다는 취지에서 나온 정책이었다.

그러나 작용이 있으면 반작용이 있고 어떤 분야에나 풍선효과가 있는 법. 규제 일변도 정책을 퍼부어도 어딘가는 튀어 오르기 마련이다.

강남은 강북에 비해 대형 평수가 많고 기반시설도 잘 되어 있다. 소위 상류층이라 불리는 경제력 있는 사람들이 모여 경쟁하다 보니 자연스럽게 가격이 오르는 기본 바탕을 갖고 있다. 여기에 모든 대한민국 부모들의 아킬레스건인 '학군' 문제까지 걸려 있다. 전체 학부모 중에서 강남을 택하는 학부모의 숫자는 일부겠지만, 강남이라는 한정된 공간을 감안할 때 공급이 모자라는 것은 사실이다.

그래서 어떤 현상이 생겼는가? 강남에서 꼭 교육을 시켜야겠는데 대출은 안 되고, 진입은 해야 하니 그전에는 거들떠보지 않던 소규모 단지의 나홀로 아파트로 수요자가 몰렸다. 이 때문에 나홀로 아파트 24평형도 거의 6억 원에 육박하는 가격으로 뛰어올랐다. 한마디로 규제를 안 받는 곳으로 수요자가 몰렸다는 뜻이다. 결국 섣부른 강남 규제는 그간 소외되었던 아파트들의 가격까지 전부 올려놓는 부작용을 초래하였다.

이런 예는 얼마든지 있다. 2007년부터 2주택자 이상이 주택을 매매할 때 중과세하겠다는 정책을 발표했다(이전에는 보유 기간에 따라 장기보유특별공제라든가 누진공제 등의 혜택이 있었다). 당시 건교부장관은 언론 인터뷰에서 "2006년 말에는 중과세 회피 물건들이 많이 나올 것이니 제발 지금 집을 사지 말고 연말에 사라"고 당부, 또 당부했다. 우리나라의 특성상 정책으로도 잡을 수 없는 미묘한 심리가 있음을 간과한 발언이었다.

첫째, 우리나라는 전통적으로 토지 소유욕이 대단하다. 이 부분은 어떤 경제 논리로도 풀 수가 없다. 둘째, 우리나라의 기부 문화는 선진국에 비하면 미미한 수준이다. 셋째, 국가 정책에 대한 신뢰도가 매우 낮다. 조변석개하는 정책으로 인해 어떤 규제책이 나와도 '이러다 말겠지', '정권 바뀌면 그만이지' 하고 생각할 정도로 내성이 생겨버렸다는 얘기다.

과연, 정부가 원하고 무주택자가 원하는 착한(?) 매물들은 나오지 않았다. 다주택자들이 보유 매물을 처분하게 함으로써 새집을 짓지 않고도 공급을 늘리겠다는 정책이 실패한 것이다. 설상가상으로 2006년 말부터 서울, 경기권의 아파트 값이 대폭 뛰면서 정부를 믿고 내집 마련 시기를 늦추었던 국민들의 가슴에 대못이 박히고 말았다.

정부 방침이 나오면 어떤 것이 규제이고 어떤 것이 완화인지 판별하는 능력이 필요하다. 꼭 완화해준다고 말을 해야만 완화가 되는 것이 아니다. 규제를 하는 반대쪽에 서 있다면 상대적으로 완화된 것이다. 흐르는 물길을 막으면 물은 다른 쪽으로 흘러가거나 넘치는 법이다.

10

재개발 투자에는 상상력이 필요하다

 기반시설이 열악한 곳에 주택을 새로 개량하는 사업을 재개발 사업이라고 하고, 기반시설이 양호한 곳에서 하는 사업을 재건축 사업이라고 한다. 재건축의 경우 현황이 아무리 낡은 아파트라도 이것이 새 아파트로 변할 것을 믿어 의심치 않는다. 그런데 다 낡은 주택이 아파트로 변한다는 것은 왠지 믿음이 가지 않는다는 것이 기존 투자자들의 입장이다.

 재건축과 재개발을 비교할 때, 재건축 대상 아파트는 잘 갖춰진 기반시설에 단지 그 블록(단지)만 노후한 것이므로 새 아파트로 바뀌면 가치가 많이 오를 거라고 생각한다.

 그러나 다시 생각해보자. 이제 저밀도 재건축 시장은 막을 내리고 중밀도, 고밀도 단지들만이 남아 있다. 현행 주거지역에서 용적률은 최대 250%로 한정돼 있고 말이다. 용적률 약 100%의 저밀도 아파트를 250%로 재건축할 때는 개발 이익이 있었지만, 현행 용적률과 엇비슷한 용적률을 가진 아파트를 다시 짓는다고 무슨 이익이 있겠는가?

재건축해봤자 일반 분양분도 제대로 안 나오고 작은 평수를 일정 규모 이상 지어야 하고 임대 아파트까지 지어야 한다. 내 돈 들여 새집 들어가는 의미밖에 없는 재건축 대신 리모델링 논의가 활발해지는 것은 이 때문이다.

그런데 개발 단지나 블록이 아니라 주변이 좋아지는 호재가 있다면 재건축 실행 여부와 상관없이 새로운 가치를 반영한 가격이 탄생한다. 대표적인 예가 용산 민족공원과 성수동 서울숲, 드림랜드 공원화 등이다. 아파트만 새로 짓는 것보다는 주변이 같이 개발되면서 내집이 새 아파트로 변모하는 쪽이 몇 배의 이익을 더 볼 수 있다.

그런데도 계속 재건축만 고집하고 있을 것인가? 재건축으로 이익이 나려면 현행 용적률을 대폭 높여서 초고층을 지을 수 있도록 개발을 유도해야 한다. 그러면 일반 분양분이 늘어 당연히 이익을 볼 수 있을 것이다.

그러나 막연히 '정부가 풀어주겠지' 기대하는 도박은 금물이다. 또 다른 규제가 나올 수도 있다는 생각은 안 드는가? 현행법에 거스르지 않으면서 돈 되는 곳이 너무 많이 있는데 굳이 정부의 처분만 기다리고 있을 필요는 없지 않은가.

아파트로 재미 본 사람 아파트만 찾고, 땅으로 재미 본 사람 땅만 찾는 것은 당연한 일이며 이걸 투자의 관성이라고 부른다. 하지만 지금 그저 아파트만 찾는 것은 조금 뒤떨어진 생각이 아닌가 싶다. 재건축으로 돈 번 사람들은 전부 빠져나갔는데 이제 와서 재건축 아파트를 산다는 것은, MP3가 지배하는 세상에 카세트테이프 사러 다니는 사람과 같은 꼴이다.

투자는 시장보다 반 발자국 앞서 나가는 데 묘미가 있다. 내집 마련이 급한 실수요자들은 거들떠보지도 않지만, 여윳돈이 있는 계층들은 지금도 토지와 해외 투자로 대박을 내고 있다.

이제는 정말 집 사야겠다, 월급만으로는 못 살겠다고 뼈저리게 느꼈다면 지금부터라도 발품 팔고 공부하고 분석하고 예상하자. 내가 반 발짝 앞서 갔을 때 뉴스가 터지면 내 물건을 잡겠다고 쫓아오는 사람들이 상상을 초월할 정도로 많다. 그만큼 가격이 오른다는 뜻이다.

재개발 지역들을 둘러보다 보면 주변 상황은 전혀 성에 차지 않을 것이다. 특히 실거주를 해야 하는 입장에서는 이런 곳에서 어찌 사나 한숨부터 나올 수도 있다. 그러나 재개발은 긍정의 마인드를 가지고 상상력으로 하는 투자이다. 있는 소스를 가지고 이곳이 어떻게 변할지 최대한 상상을 해보고 조감도를 놓고 실제인 양

그려보자. 지금 당장은 힘들고 마음에 안 찰 수도 있겠지만 머지않아 상상이 현실이 되면 그 누구보다 높은 프리미엄을 방석 밑에 깔고 살 수 있게 될 것이다.

2장

아주 간단한 재개발, 뉴타운 투자 원칙

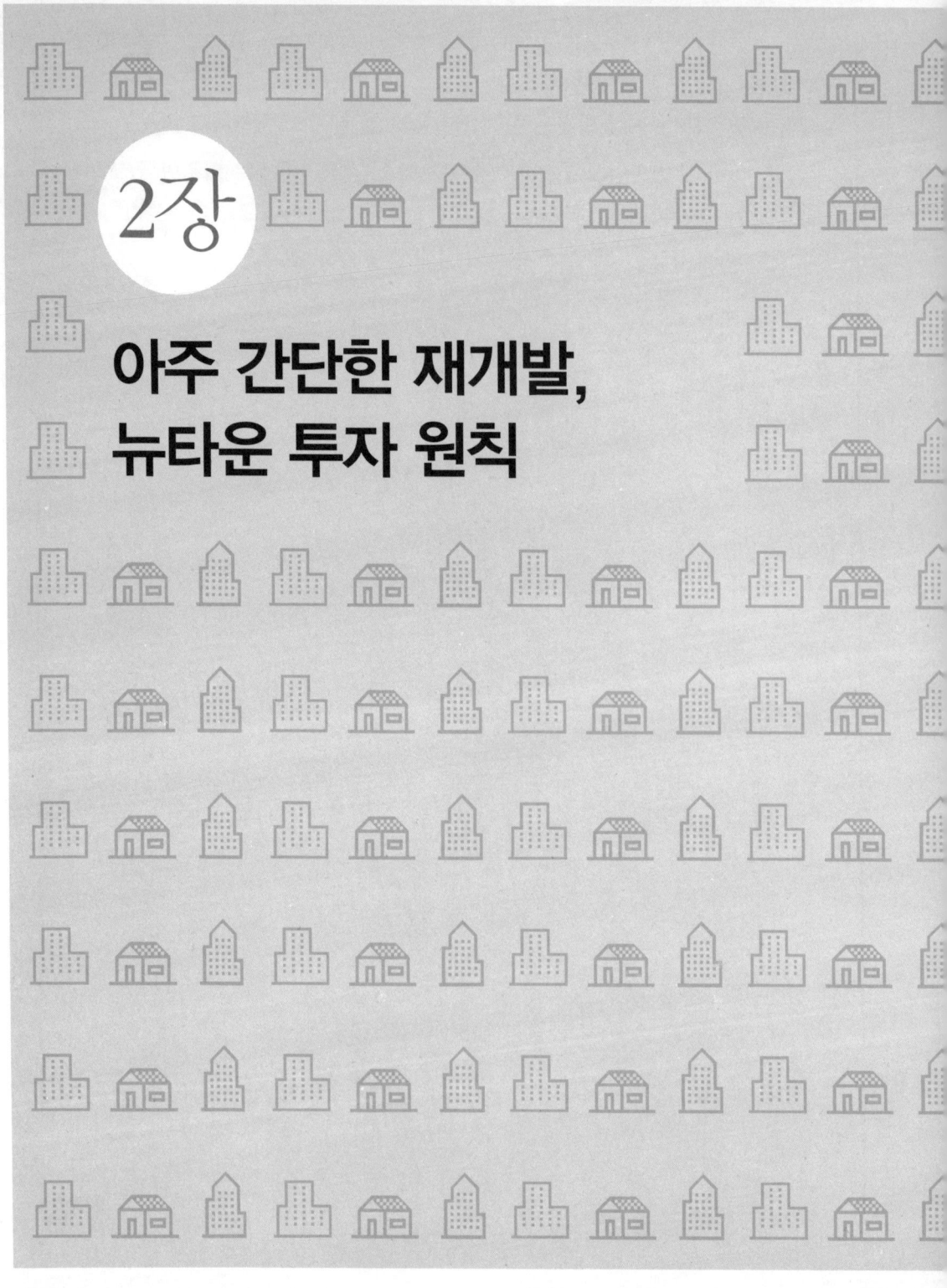

1. 실수요자 뉴타운 접근법
2. 개발 확정 전에 투자하라
3. 매매가보다는 전세가에 주목하라
4. 중개업소가 많은 곳을 택하라
5. 오늘 제일 비싸게 산 물건이 내일은 가장 싼 물건
6. 공부가 끝나면 재개발도 끝난다
7. 내 여력 이상으로 무리하지 말라
8. 공인중개사를 길들여라
9. 전국구 재개발 지역에 주목하라
10. 공시지가가 높은 곳에 투자하라

1

실수요자 뉴타운 접근법

20평형대 아파트가 됐든 10평대 미만의 빌라가 됐든 일단 '집'을 갖고 있는 1주택자 이상은 재정비촉진지구에 집을 사기가 너무 힘들어졌다. 미리 대지 지분이 큰 매물을 사둠으로써 조합원 자격을 취득해 더 좋은 지역에서 더 큰 아파트를 얻기 위한 수요가 거의 차단되었다고 보는 것이 맞다.

재정비촉진지구에서 대지권 20㎡(6평) 이상을 사려면 '토지거래허가'를 받아야 하는데, 매수자가 무주택자여야 하며 집이 있는 경우는 기존 집의 처분 계획서를 작성해 허가를 받고 새로 사는 집에 입주를 해야만 한다는 전제조건이 붙는다. 이 때문에 온갖 편법을 동원하는 투자자들이 있긴 하지만, 현실적으로 생각할 때

5년이 걸릴지 10년이 걸릴지 모를 개발을 기대하며 멀쩡한 자기 집을 팔고 온갖 불편을 감수하며 노후 주택에 입주할 사람이 과연 몇이나 되겠는가?

도시재정비촉진을 위한 특별법은 이렇게 자산의 유동성을 완전히 막아놓는 결과를 초래했다. 여기에 한 술 더 떠 앞으로 개발예정지역에서 2008년 7월 이후 준공검사를 받은 대지권 60㎡ 이하의 권리는 아파트 입주권을 주지 않고 현금 청산을 할 방침(2008년 5월 현재, 시기 및 실행 미확정)이라니, 가뜩이나 천정부지로 오른 기존 권리가 더 희귀해지는 것은 물론이려니와 정상적인 소규모 주택 공급마저 차단되어 심각한 전세난도 예고되어 있다.

이렇게 되면 마땅한 투자처를 찾지 못한 유동자산들이 개발이 확정된 곳으로 가지 못하고 그저 개발 '가능성'이 있는 곳, 풀어서 말하면 아파트가 별로 없으면서 노후 주택들로 난개발된 곳, '언젠가는 개발되겠지' 하는 기대만 만발해 있는 지역으로 쏠리게 된다. 구청장 선거나 총선 때 공약이라는 이유나 아주 작은 호재만으로도 자본이 유입되는 것이다. 그러니 이미 이명박 시장 때 뉴타운 지구, 혹은 재정비촉진지구로 지정되어 개발 기본 계획을 잡고 있는 곳에는 투자를 하지 못하고, 아무 상관없는 지역의 가격이 더 비싼 기이한 현상이 벌어지고 있다.

최근 4차 뉴타운 탈락 지역과 작은 호재가 있는 지역들을 중심으로 벌어진 북새통, '묻지 마' 투자 행렬은 이런 현실이 반영된

서울 뉴타운 구역 현황

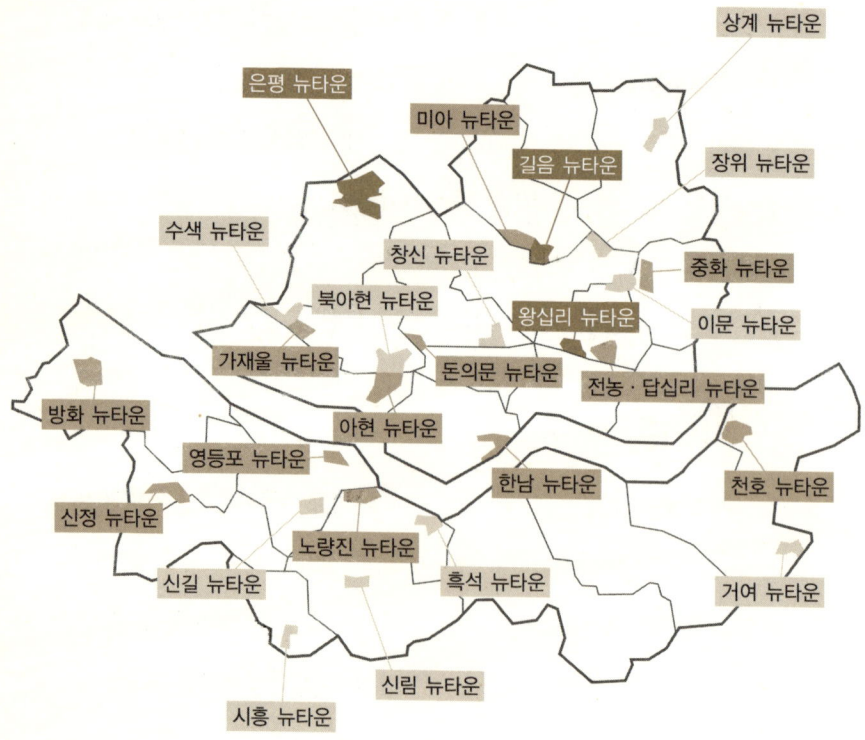

탓이다. 이 때문에 그나마 서민들이 전월세로 거주하던 이들 지역의 집값이 뛰면서 전셋값도 한꺼번에 뛰었다. 또 이들은 상대적으로 저렴한 수도권 외곽으로 밀려났고 이들 지역 **또한 2차 후폭풍**에 시달렸던 것이다.

오세훈 시장 임기 내에도 50여 개의 뉴타운 지구 및 재정비촉진 지구가 생길 예정이었으나 시장 안정을 이유로 지정 시기 및 시행 여부는 불투명한 상황이다.

이제는 뉴타운을 좀 다른 시각에서 볼 필요가 있지 않을까? 뉴타운 내에서는 거래에 제약을 받는 데다 일반적인 건축 허가도 금지된다. 기존 소유자의 입장에선 자신의 부동산에 건축도 못하고 팔고 싶어도 살 사람이 없는 구조여서 이러지도 저러지도 못하는 상태이다. 더욱이 추가분담금을 내가며 새 아파트에 입주할 수 없는 형편이라면 뉴타운으로 지정된들 즐겁겠는가?

그런데도 이번 총선은 부동산 선거라고 불릴 정도로 유난히 부동산 관련 공약들이 판을 쳤고, '뻥'에 가까운 비현실적인 공약마저 유권자들에게 먹혀 들어갔다(한나라당 후보들은 새로 뉴타운을 지정하거나 기존 뉴타운을 확장하겠다는 공약을 내세워 서울 47개 지역구 중 40곳에서 압승을 거두며 당선됐다).

뉴타운은 대운하나 신도시 건설과는 차원이 다른 공약이다. 신도시나 대운하는 사업 진행 과정에서 공약 이후 추진하는 기관이 적극적으로 개입하고 자본을 밀어주고 건설하는 사업 성격이므로 공약자가 사업의 마무리까지 개입을 해야 한다. 그러나 뉴타운이나 재개발은 그렇지 않다. 기본 계획 수립을 하고 일단 지구 지정이 되면 조합설립인가부터 관리처분까지 모든 과정은 조합원이 해야 할 일이다. 개발이 되고 안 되고는 공약하는 사람과는 별개의 사항이라는 얘기다.

그러니 어떤 정치인이든 일단 공약은 자신이 출마한 지역구를 뉴타운화하겠다고 내세운다. 지구 지정조차도 개별 정치인의 능력이 아니라 노후도와 면적이 법에 충족되면 가능한 것이니 설사 안 된다고 해도 자신의 탓은 아니게 된다.

이는 공신력 있는 사람이 유언비어를 퍼뜨리는 것과 똑같은 현상이라는 점에서 문제가 된다. 공약 한마디에 비뉴타운 지역도 가격이 급등하며, 뒤늦게 정보를 듣고 온 일명 부동산 시장의 개미들은 꼭지에서 사서 장기간 보합세를 지켜봐야 하는 경우가 생기는 것이다. 그러면 이제 실수요자들은 어떻게 판단해야 할까?

오세훈 시장의 공약대로 서울 내 뉴타운이 50개가 된다면, 좀 과장해서 서울 전 지역이 뉴타운이라고 해도 과언이 아니게 된다. 개발이 예상되는 지역은 죄다 뉴타운으로 지정되니, 그렇게 되면 지금처럼 비뉴타운 지역으로 돈이 몰리는 게 아니라 뉴타운 중에서 옥석을 가리는 형세가 되지 않을까 생각된다. 이때 서울시, 그리고 각 뉴타운 지역 관할청에서는 한꺼번에 경색되거나 한꺼번에 몰려다닐 유동자산을 어떻게 교통정리할 것인지도 관건이고 말이다.

  개인적인 생각이지만 투자자는 투자를 할 수 있고 조합원은 자신의 부동산을 지렛대로 원하는 곳으로 갈 수 있도록 부동산 유통을 활성화시켜야 할 때가 아닌가 한다. 분명 개발이 필요한 지역인데 원 조합원의 정착률을 높이기 위한 강제 규제는 막을 수 있는 일도 아니거니와 시장 논리를 거스르는 행위이다.

  풀어주면 과열되고 부동산 값이 폭등할 거라는 딜레마 때문인지는 몰라도, 자유경제 체제에서 부동산이라는 큰 시장에 자산의 유동성을 확보해줘야 전체적인 돈의 흐름이 원활할 것은 당연하기 때문이다.

2

개발 확정 전에 투자하라

앞서 말했듯 재개발의 지식 전파 속도도 무지하게 빨라지고 있다. 2007년 4차 뉴타운 예정지들의 가격 상승률은 대체로 어마어마하지만, 그중 용산구 서계동, 청파동, 원효로 일대의 매매가 상승률은 2007년 한 해만 200%를 넘었다.

물론 용산이 핵심 투자지로 떠오른 탓도 있겠지만 그보다는 시장의 유동자금이 너무 많았다. 2007년은 펀드로 몰려간 자금도 사상 최대치였다. 베트남, 차이나, 브릭스 할 것 없이 모집만 했다 하면 순식간에 몇 조 원씩 유입되었다.

부동산이든 펀드든, 기본적으로 유동자금은 엄밀히 말해 '묻지마' 투자의 성질을 갖고 있다. 그저 가치를 보고 앞뒤 재지 않고 최초에 투자한 사람들은 모두 이미 두 배 이상을 벌었다. 이걸 운이라 할 수도 있겠지만 앞선 사람들은 더 큰 리스크를 짊어지고도 투자한 선구자가 아닌가. 만일 전 재산이 5,000만 원이라면 힘들여 모은 돈으로 '묻지 마' 투자에 나설 수 있는 강심장은 거의 없을 것이다. 그렇다면 가격이 천정부지로 오른 이 시장에서 소액 투자자는 아예 방법이 없는 것일까?

아까도 언급했던 지렛대 원리가 여기 적용된다. 개발 '예정지'(확정지가 아니다)에서 매매가와 전세가 차이가 가장 적은 물건을 택하라. 지금도 전용 50㎡(15평) 정도 빌라의 매매가가 1억 원 언저리인 괜찮은 지역이 많이 있다. 필자도 앞서 예를 들었던 것처럼 전세가가 8,500만 원, 매매가가 1억 1,500만 원인 빌라 하나를 발견하고 싼 맛에 사두었는데, 사놓고 채 1년도 되지 않아 이 빌라 값은 20%나 올랐다. 실제 투자 금액은 등기비를 제외하고 3,000만 원 정도였다.

서울 수도권은 가뜩이나 유입 인구가 많은데 이곳저곳 도심 재개발이 예고되면서 더더욱 전셋값은 올라갈 수밖에 없다. 전세가는 매매가를 선도하고 빌라 경매 낙찰률도 올라간다. 빌라 투자에 관심 없는 분들은 2007년 말부터 빌라가 심상치 않았고 2008년 초에 불붙듯 올랐다고 생각하지만, 이미 몇 년 전부터 빌라는 경매 시장에서도 상종가를 치는 물건이었다. 이런 추세에 재개발이나 대지 지분 등에 대한 인식이 널리 퍼지면서 특별한 개발 발표

없이도 집값이 슬금슬금 올랐다. 물론 재개발 예정지로 발표되면 단숨에 두 배가 오르기도 하지만 말이다.

　이미 오를 만큼 올랐을 거라는 생각으로 투자 시장에서 스스로를 소외시키지 말자. 현재 지정된 3차 뉴타운 마무리 공사까지 10년이 걸릴지, 더 걸릴지 아무도 모른다. 도심의 발전이 이루어지는 한 내가 상투 잡는 일은 일어나지 않으니 안심하고 투자하라.

　재개발 구역으로 확정되어야만 수익을 기대할 수 있는 것이 아니다. 지금 현황이 어떻든 가치가 있는 곳이라면 투자하자.

3

매매가보다는 전세가에 주목하라

서울 지도를 가만히 보면 같은 구 내에서도 뉴타운과 재개발과 단독주택, 재건축 등 각 사업지가 혼재된 것을 볼 수 있다. 비슷비슷한 사업 규모와 입지라면 내집 마련 수요자 입장에서는 어디에 투자하는 게 나을지 고심하게 되는 것이 사실이다. 그런데 지나치게 고민을 하다가 아예 사지도 못하는 분들이 있다.

이제 막 뉴타운으로 지정되거나 검토되고 있는 지역 등 초기 투자 시장에서 흔히 볼 수 있는 일인데, 일껏 남들보다 발빠르게 찾아와 놓고서는 이곳보다는 저곳이 더 살기 좋을 것 같다는 둥, 여기가 가격이 더 오를 거라는 둥 예측이 점쟁이 뺨을 친다.

이런 분들의 특징은 안 좋은 점을 찾아내는 데 전문가라는 점이다. 그런데 막상 안 좋게 생각하는 이유를 물어보면 대답은 뚜렷이 못하면서 그저 혀만 찬다. 나쁘면 왜 나쁜지, 얼마 정도까지 갈 물건인데 지금은 이 정도라 비싸다고 생각한다든지 하는 본인의 기준이 없다. 막연히 안 좋다는 생각, 투자에 대한 두려움, 지식 부족이 실행을 못하게 하는 것이련만 애꿎은 물건 핑계를 댄다. 엄연히 자본주의 시장인데 3.3㎡당 3,000만 원 하는 물건이 본인에게 3.3㎡당 2,000만 원에 떨어지는 로또 같은 기회가 올 리도 없거니와, 설사 그런 기회가 온다고 해도 이런 분들은 또 왜 싸게 나왔는지 의심하느라 못 산다.

비록 길지 않은 인생을 살았지만 긍정이 긍정을 낳고 긍정적인 사람들이 대부분 성공한다는 걸 느낀다. 예를 들어 최고급 벤츠를 타는 분을 만났을 때 "저도 이런 차를 꼭 타고 싶습니다"라고 말을 해보라. 대부분 "자네는 나보다 더 성공할 수 있어. 계획을 가지고 차근차근 밟아나가다 보면 자네도 꼭 이 차를 탈 날이 올 걸세"라고 긍정적으로 대답한다(이것이 그냥 립서비스라고 생각한다면 당신도 긍정보다는 부정적인 마인드가 우세한 사람일 것이다).

하루 벌어 하루 먹고 살기도 힘든 사람들한테 "나 벤츠 타고 싶어"라고 말해보라. 기름 값이 금값인데 정신이 나갔냐는 둥, 지하철이 세상에서 제일 편하다는 둥 우려를 가장한 부정적인 말만 들을 것이다.

만일 부동산 투자가 평생에 단 한 번이거나 투자한 지역에 꼭 들어가 살고 싶다면 백 번 퇴고해도 부족하지 않을 것이다. 그러나 재개발 사업은 장기일지 모르지만 재개발 투자가 꼭 장기로 가야 하는 것은 아니라는 점을 지적하고 싶다. 또 부동산 투자를 평생 딱 한 번만 하고 말 것은 아니지 않은가?

부동산 시장은 정직하고 열려 있다. 좋은 곳은 이미 높은 가격을 형성하고 있다. 지역이 좋네, 안 좋네 핑계 대지 말자. 그보다는 땅의 가치를 찾아내는 훈련을 하자. 당신은 투자자이지 입주자가 아니다. 재개발 투자는 입주자의 마인드를 버려야 할 수 있다.

한남 뉴타운의 경우 2002년 뉴타운으로 지정됐지만 아직 기본계획조차 제대로 안 나왔다. 개발이 완료되면 한강 조망권을 가진 멋진 주거지로 탈바꿈하겠지만 지금의 상황은 시쳇말로 '안습'이다. 그런데 가격은 어떨까? 이미 멋진 주거지인 곳들만큼 올라가 있다.

이게 어디 한남 뉴타운뿐이겠는가? 거여, 마천, 송파 뉴타운도 마찬가지이다. 투자자는 개발이 되고 안 되고, 빨리 되고 늦어지고를 중시하지 않는다. 안 되고 있는 순간에도 가치에 대한 인식은 퍼지고 물가는 상승하고 있다. 완성이 늦어질 뿐이지 가치와 가격은 계속 오르고 있다.

이쯤에서 또 하나의 팁. 매매가 대비 전셋값이 높은 곳에 투자하라. 전셋값이 높다는 것은 그 시장의 대기 수요자가 많다는 뜻이다. 전세를 사는 사람들은 융자를 얻든, 어떤 방법을 취해서든 구매자로 돌아설 가능성이 높은 사람들이다. 그리고 재개발, 뉴타운 지역에 투자해서 20%의 상승 이익을 봤다고 가정할 때, 전셋값이 높은 지역은 10%만 올라도 투자 원금의 수익률로 봐선 더 높을 수가 있다. 이게 흔히들 말하는 지렛대 원리이다.

예컨대 김 씨가 재개발 지역에 3억 원짜리 물건을 샀는데 전셋값이 5,000만 원이라면 실제 투자 금액은 2억 5,000만 원이다. 그리고 이 씨가 재개발 지역이 아닌 곳에 2억 원짜리 물건을 샀는데 전셋값이 1억 2,000만 원이라면 실 투자 금액은 8,000만 원이다.

이 경우 김 씨의 집이 20% 오르고 이 씨의 집이 10% 올랐다면 누가 더 이득이겠는가? 김 씨의 경우는 6,000만 원 오르고 이 씨의 경우는 2,000만 원 오른 것이니 그냥 겉으로만 봐선 김 씨가 이득인 것으로 보인다. 그러나 사실 전자는 투자 원금 대비 24% 올랐고 후자는 25% 오른 격이다.

잠재력이 높으면서 전셋값이 높은 지역이 오히려 재개발로 구역 지정된 곳보다 더 매력 있는 곳이 많다. 지도를 펼치고 인터넷을 뒤지고 발품을 팔아라. 아직도 숨은 진주들이 널려 있다.

4

중개업소가 많은 곳을 택하라

　재개발 구역으로 지정된 곳에 가보면 건물마다 1층은 무조건 중개업소가 자리하고 있다. 그런데 다니다 보면 재개발 지정은커녕 특별한 호재가 없는 지역인데도 유독 중개업소가 많은 지역들이 있다. 이는 구청장의 개발 공약, 또는 시·도지사의 개발 의지가 보이는 곳이라고 보면 맞다.

　투자자란 싸다고 무조건 지르는 사람이 아니라 가격이 오를 것이 예견되므로 사는 사람들이다. 또 중개사는 직업인이기도 하지만 한편으로는 투자자이다. 업만 유지해서는 도태되는 것이 이 시장의 진실이다. 따라서 한 동네에서 몇 십 년씩 중개업을 운영하는 분들도 있지만 돈 되는 곳을 찾아 떠도는 '유목민' 중개업소도 허다하다. 보통 개발 시장에서 영업하는 중개업소들은 어떤 지역의 개발이 완료되지 않았다 하더라도 시장이 멈춰 있거나 시간에 비해 이익이 없다고 판단되면 바로 짐을 싸서 새로운 시장으로 간다. 그러므로 내가 투자에 대한 아무 마인드가 없어도 어떤 지역에 발품을 팔러 갔을 때 중개업소가 여기저기 많다면 일단 손해 보지는 않는 지역이라 판단해도 무방하다.

중개업소가 많은 지역은 대부분 매도자 우위 시장이다. 중개업소가 몇 개 없는 지역이라면 하나의 부동산에 수많은 매물이 쌓이게 되고 손님이 오더라도 내 물건이 바로 팔린다는 보장이 없을 것이다. 남다른 경쟁력이 없는 물건을 보유하고 있는데 빨리 팔고 싶다면 가격을 낮추는 방법밖에 없다.

그러나 중개업소가 많은 지역은 어떤 때는 물건보다 중개업소가 더 많은 경우도 있다. 이런 지역에서는 매수자보다 매도자가 귀하기에 큰소리 쳐가며 물건을 내놓을 수 있다.

중개업소가 많은 지역에는 또 한 가지 장점이 있다. 평소에는 그냥 지나다니던 사람도 "이 동네에 뭔 일 났나? 갑자기 중개업소가 엄청나게 늘어났네?" 하고 호기심을 갖고 방문하게 만든다. 그런 손님에게 "여기 아무 개발 계획 없습니다"라고 대답하는 중개사는 아마 없을 것이다. 최소한 개발 발표는 없더라도 현재의 노후도가 어떻고 시간이 지나면 어떻게 된다고 그 동네를 좋게 포장한다. 그러면 손님은 꼭 그때 투자를 하지 않더라도 가는 곳마다 '그

동네가 어떻게 달라진다더라' 하고 소문을 내게 되어 있다.

　용산구 서계동, 청파동 일대, 중구 신당동 일대 등이 이런 효과로 투자자들의 물결이 답지했고 지금도 많은 사람들이 관심을 두고 있는 지역들이다. 내가 투자하려는 동네에 중개업소가 많은지는 반드시 확인해야 할 사항 중 하나이다.

5

오늘 제일 비싸게 산 물건이
내일은 가장 싼 물건

중개업 사무실을 하다 보면 각양각색의 고객들이 방문한다. 그런데 본인이 가격을 제일 잘 안다고 자부하는 매수자를 만나면 조금 난감해진다.

어떤 물건을 보여주면 얼마 전에 어디가 얼마에 팔렸는데 여긴 왜 이렇게 비싸냐는 둥, 누구에게 들었다는 둥 하며 과거의 사례를 들이댄다. 그런데 이런 분들에게 차근차근 물어보면 대개 인터넷으로 본 가격을 철석같이 믿고 있거나 수많은 부동산에 전화만 해본 경우이다.

많은 분들이 경험했겠지만 예를 들어 보겠다. 독자가 전세, 혹은 매매 물건을 찾고 싶으면 일단 부동산뱅크니, 스피드뱅크니 하는 부동산 포털을 검색할 것이다.

"야, 요즘 집값 많이 올랐다던데 아닌가 보네? 싼 물건이 되게 많잖아?"

맘에 드는 물건을 골라잡을 수 있을 거라 기대하며 해당 부동산에 전화를 해본다.

"여보세요? 오늘 아침 올리신 OO 물건을 봤는데요."

"아, 그 물건은 나갔고요, 그건 급매라서 그 가격대는 이제 힘들어요. 조금 비싼 물건이 하나 있는데 그것밖에 없어요. 일단 나오세요."

대개 이런 식으로 진행된다. 오늘 아침에 등록된 물건인데 벌써 나갔느냐며 꼬치꼬치 물으면 알 만한 사람이 왜 그러냐는 식의 반응을 보인다. 그 중개사의 목적은 하나다. 일단 전화를 하게 만들 것, 그리고 나오게 만들 것. 경쟁이 너무 치열하다 보니 미끼 매물이 판을 치고, 공정거래위가 허위 매물 근절에 나섰지만 전혀 수그러들 기미가 없다. 심지어 매수자들이 눈독을 들이고 있는 지역이라면 10건에 9건은 허위 매물인 경우도 허다하다. 그러니 인터넷으로 가격을 조사할 때는 제일 비싼 가격의 물건이 진품이라고 생각하는 게 차라리 맞을 것이다.

최근 많은 수요자가 찾고 있는 9호선 인근 모 아파트에서는 멀쩡히 사서 입주해 2년째 살고 있는데 집 내놓았느냐며 중개사들의 전화가 빗발치는 황당한 해프닝도 있었다. 알고 보니 집이 매매로 나왔던 2년 전 정보가 알 수 없는 이유로 업데이트되면서 물건이 다시 나온 것으로 착각했던 것이다. 2년 전 가격으로 나왔으니 얼마나 많은 사람들이 군침을 흘렸겠는가? 9호선 개통만 참고 기다리느라 매물이 실종되다 보니 별일이 다 일어난다.

  자, 원래 이야기로 돌아가자. 일단 가격을 많이 알아본 분들의 특징은 의심이 많다는 것이다. 그리고 그 지역에 오게 된 이유도 대중적인 루트를 통한 것이 아니라 지인 중의 한 명이 사서 관심을 갖게 된 경우가 많다.

  먼저 산 사람은 그만큼 기회비용을 지출한 것이련만, 그의 노고를 인정하기보다는 어떻게 하든 그 사람보다 싸고 좋은 물건을 사고 싶은 것이 소심한 투자자들의 일반적인 마음이다. 본인은 훨씬 늦게 투자하면서 말이다. 아주 좋은 지역의 멋진 아파트의 로열층이 미분양되기를 바라는 심보와 무엇이 다른가? 남들은 몇 층에 당첨될지도 모르면서 몇 년 동안 아껴두었던 청약통장을 쓰는데, 그중 최고 로열층이 미계약되어 나에게 오기를 바라는 것과 다를 게 없다.

  예전에 가격이 잘 안 오르던 시절, 정확히 말하면 사람들이 부동산의 내재 가치를 인식하기 전에는 다세대 빌라 경매 물건 정도는 주우러 다니던 시절도 분명히 있었다. 다세대 반지하를 낙찰받아 세를 놓으면 투자금이 고스란히 다시 돌아오는 그런 투자 말이다. 지금도 여전히 시세보다 2,000만 원 싸게 받아 500만 원 들여 리모델링하고 시세보다 조금 싸게 파는 재테크를 하는 분들이 존재한다. 서류를 열 장씩 들고 한 동네의 빌라란 빌라는 죄다 응찰하면서 말이다. 그러나 어쨌든 지금은 서울 수도권, 심지어 지방에 가도 될 만한 물건은 투자자들이 줄을 서 있다. 낙찰률은 점점 더 올라가고 수익률은 갈수록 떨어지는 형편이다.

재개발 강의를 듣고 투자서를 읽는 이유는 이왕이면 괜찮은 물건을 내 의지로 고르고 싶은, 또 내 지식으로 판단할 수 있는 능력을 기르고 싶은 마음 때문 아니겠는가? 애초에 날로 먹으려는 마음은 버리는 것이 정신 건강에 좋을 것이다.

나의 목표 수익은 얼마인가? 단순히 3.3㎡당 100만 원 싸게 사서 시세차익을 보려는 목적이라면 굳이 재개발 지역 말고도 방법이 많을 것이다. 왜 발품을 파는가? 더 늦기 전에 지금이라도 좋은 물건을 확보하기 위함이 아닌가? 그런데 왜 자꾸 시간을 늦추고 마치 국민은행 시세조사팀인 양 몇 날 며칠을 고민만 하고 있는지 안타깝기 짝이 없다.

이런 분들이 독자의 주변에도 제법 될 것으로 안다. 민망한 일이지만 필자의 지인 중에도 그런 어르신이 계신다. 그 어떤 베테랑 중개업소 사장보다도 우리나라 부동산 가격 변천사를 두루 꿰고 있고, 시세조사(?)를 시작한 지 몇 년이 되도록 사지는 못하고 용산, 신당동, 성수동, 강남 일대를 전방위로 다니신다. 동네마다 가서 지난번 왔을 때는 얼마였는데 지금 얼마라니 말도 안 된다며(필자가 보기엔 그분이 말도 안 되는데) 버럭 화를 내곤 해서 중개사들을 꽤나 난처하게 만든다는 악명이 솔솔 들려왔다. 그런데 최근에 우연히 뵙게 되었는데 얼마 전에 성수동에 빌라 한 채를 매입했다는 게 아닌가!

"어르신, 잘 하셨습니다. 결국 사실 것을 좀 더 일찍 사셨으면 얼마나 좋았겠습니까? 이제라도 사셨으니 마음은 편하시겠네요."

덕담을 건넸는데 알고 보니 소싯적 필자와 함께 재개발 공부를 하던, 지금은 성수동에서 중개업소를 운영하고 있는 지인을 통해 샀다고 하시는 거였다. 뒤에 그분에게 안부도 전할 겸 전화를 했다가 어르신 얘기를 꺼내 보았다.

"그분 계약하기 힘든 분이었을 텐데 역시 중개를 잘하시네요. 대단하십니다."

그랬더니 기다렸다는 듯 푸념이 이어졌다.

"어유, 계약 안 해드리는 건데 잘못했어요. 매일 아침저녁 전화하셔서는 얼마 올랐냐고, 변동 없다고 하면 집 잘못 샀다고 책임지라고 얼마나 그러시는데요. 제가 아주 미쳐요."

쓴웃음만 나올 뿐이다. 그분은 팔 시점을 결정하기 위해 또 얼마나 중개사를 괴롭힐지….

재개발은 내가 지금 당장 깔고 살 아파트가 아니고, 오피스텔이나 상가처럼 당장 월세가 나오는 수익형 상품도 아니다. 투자 상품이다. 투자 상품을 잘 사는 방법은 아주 간단하다. 쓸데없는 데에 시간 낭비를 안 하면 된다. 아파트처럼 몇 백 채, 몇 천 채가 정형화되어서 이걸 못 사면 그 위의 것을 사고 아니면 그 밑의 것을 사도 큰 차이가 없는 상품이 아니다. 매물 하나하나의 특징이 제각각이다. 그렇다고 해서 매물이 많은 것도 아니다. 한마디로 '그때그때 달라요'이다.

매사를 전부 내가 장악해야 하고 A부터 Z까지 알아야만 매수할 수 있는 사람은 재개발 투자에는 별로 적합하지 않다. 개별 매물을 분석하느라 가격이 오르는 시장을 따라갈 수가 없기 때문이다. 가격이 오르는 시장에서는 오늘 내가 사는 물건이 제일 비싼 물건일 것이다. 하지만 내일부터는 내가 산 물건보다 싼 물건은 찾을 수가 없다.

오늘 시장에 나온 매물이 3.3㎡당 2,000만 원 선이라면 일반 매수자들은 1,800만 원, 심지어 1,500만 원짜리 물건을 찾아 돌아다니다 결국 실패하고 집으로 간다. 그리고 다음 주에 다시 오면 이제 시장의 물건들은 3.3㎡당 2,200만~2,500만 원이 되어 있다. 그러면 그제야 2,000만 원짜리 매물을 찾아 또 온 사방을 헤매고 다닌다. 그래서 여전히 못 산다. 2008년 초 급등기에 매물을 찾아 다녀본 분이라면 아마 공감할 것이다(상대적으로 숨고르기를 하고 있는 6월 현재도 매물이 무척 드물뿐더러 그때보다 저렴한 물건은 찾을 수 없다. 재개발은 확실히 매도자 우위 시장이다).

용기를 내서 믿고 사라. 예전 인식처럼 사기를 치는 공인중개사 사무실은 거의 없다. 시장가격과 동떨어진 물건만 찾으면서 '예전에 그걸 쌀 때 샀어야 했는데'라고 푸념해봐야 안타까운 눈빛만 받을 뿐이다.

소신 있게 생각하고 판단이 서면 바로 행동에 옮기는 것이 가장 빠르게 성공하는 길이다. 투자도, 인생도 마찬가지이다.

Now or Never!

6
공부가 끝나면 재개발도 끝난다

법원 경매가 인기를 구가하면서 경매 교육기관이 우후죽순 생기고, 재개발이 돈 된다 하니 재개발 교육기관도 많이 생겨났다. 개인적으로 이런 교육기관에 감정은 없고 필자도 강의를 하긴 하지만, 한 가지 짚고 넘어갈 것이 있다.

교육기관에 가면 이런 식으로 강의를 시작한다.

"지금 여러분이 공부를 하는 목적은 더 좋은 물건을 알아보는 안목을 기르고 분석을 잘해서 조금이라도 더 이익을 보기 위한 것입니다. 또한 앞으로도 계속해서 피해를 입지 않고 안정적인 투자를 하기 위해서입니다."

이 말은 마치 재개발 전문가를 만들어 최고의 물건을 가장 싸게 살 수 있는 사람으로 둔갑시켜주겠다는 말처럼 들린다. 물론 이것이 틀린 말은 아니다. 하지만 이런 교육은 어떤 재개발 지역에 갔을 때 한정된 시간 안에 분석을 끝내고 좋은 물건을 바로 계약할 수 있을 때 효과적이라고 할 수 있는 것이다. 부동산 시장에서 전문가와 비전문가를 가르는 기준은 '물건을 알아보는 눈'과 알아보았을 때 확신을 가지고 '신속하게 지르는' 점이라고 할 수 있지 않겠는가.

그런데 현실은 교육 받은 사람들이 더 투자를 못한다. 이유는 여러 가지가 있다.

먼저 '배운 사람들'은 재개발 지역을 너무 넓게 돌아다니는 특징이 있다. 서울, 수도권을 넘어 전국을 다 다녀야 직성이 풀린다. 교육기관에는 각지의 사람들이 모이기 때문에 전국의 재개발 지역을 죄다 펼쳐놓고 여기는 이래서 좋고 여기는 이래서 나쁘다는 식의 성토대회를 한다. 지식을 과시하려는 것인지 공유하려고 하는 것인지 모를 정도이다.

그런데 사람들은 전혀 생각도 못했던 지역들의 개발 정보를 들으면 또 관심이 생긴다. 많은 지역을 투자선상에 올려놓고 지역 분석을 시작한다. 공부가 오래되면 될수록 따져야 할 것도 많아진다. 더 열심히 공부하고 분석하고 샅샅이 돌아다닌다. 이 시기에 스쳐 지나는 물건들은 그저 공부의 소스일 뿐이다.

시간이 흐르고 이제 좀 뭔가 알 것 같아지면 관심 지역이 세 곳이하로 축소된다. 열심히 전화하고 발품을 팔아 좋은 물건을 찾으려 애를 쓰지만 그때는 이미 대부분의 시장이 끝나 있다. 내가 분석하고 조사하는 동안 좋은 물건들은 나를 기다리지 않고 사라졌다. 간간히 나오는 배짱 매물은 그동안 배운 상식으로는 매수 후 수익을 장담하기 어렵다.

전 재산을 거는 부동산 투자이지만 모든 투자자가 투자나 분석의 '빠꼼이'인 것은 아니다. 그러므로 많은 투자자들이 소개자를 믿거나 감을 믿거나 권유를 받고 매수한다. 공인중개사 사무실, 특히 재개발 전문을 표방하는 곳이라면 그 지역에서 나름 고수가 아니고는 이 수많은 사무실이 난립하는 시장에서 살아남을 수가 없다. 흔히 부동산 중개업소를 비하하여 '떡방'이라고 부르는데, 동네 할아버지들이 모여서 장기 두고 있다가 손님이 오면 곁눈질로 "물건 이것뿐이니 사려면 사고 말려면 마시유" 하던 시대는 끝났다는 얘기다.

어느 분야나 생존 경쟁이 치열하지만 부동산 중개업소는 그중에서도 몇 손가락 안에 들 정도로 치열한 분야이다. 특히 오래된 중개업소의 파워는 상상 이상이며, 아무리 하찮아 보이는 곳도 나름대로 지역 분석 및 정보를 습득하고 있다. 요지는 좋은 물건을 사기 위해 그 지역을 샅샅이 분석하는 시각을 갖는 것보다는, 오히려 내가 상대하는 중개업소가 진짜 실력이 있는지 없는지를 판단하는 능력을 키우는 것이 성공 투자의 지름길이라는 얘기다.

필자 역시 시장의 참여자로서 한마디한다면, 투자자가 거대한 자금과 거대한 조직을 가지고 어떤 지역의 분석에 들어가지 않는 이상, 나보다 더 우수하고 정보력 빠른 조직에 의해 그 지역의 물건들은 소진되게 되어 있다. 그 지역에 기득권을 갖고 있는 부동산 사무실이 내가 투자할 금액보다 더 큰 자본력과 정보로 물건을 직접 매집하거나 왕 고객들에게 권유하는 일이 비일비재하게 일어난다.

물론 이런 자금들은 각각의 사정에 의해 길게 갈 수도 있지만 단타에 만족하며 나오기도 한다. 올 7월부터는 문제가 좀 되겠지만, 지역의 부동산 중개업소가 자기 자본, 혹은 큰손과 결탁하여 재개발 및 개발 예정지의 구옥을 사서 지분 쪼개기를 하는 일도 엄청나게 많았다.

그러니 좋은 물건을 사기 위해서는 정보력을 가진 사람에게 속된 말로 '잘 보여야' 한다. 잘 보이기 위해서는 어떻게 해야 하는가? 나는 꼭 살 사람이며 당신을 믿겠다는 확신을 보여줘야 한다. 반대로 놓고 생각할 때 매물은 없고 매수자들이 넘쳐나는 시장이라면 꼭 살 사람에게 최선을 다하지 그냥 시장조사 차 온 사람에게 관심을 보이겠는가?

혹시 다니면서 부동산 중개업소의 홀대를 당한 경험이 있는 투자자라면 둘러보러 왔다는 인상을 주진 않았는지, 설명을 실컷 듣고서 "한군데서만 보고 결정하긴 좀 그러니 더 알아보고 올게요"

라는 말을 하진 않았는지 기억을 되새겨볼 필요가 있다. 부동산이 무슨 옷가게나 백화점도 아니고 윈도쇼핑하러 왔다는 인상을 주게 되면 그 이후의 호의는 기약할 수 없다. 설사 전화번호를 남기고 오더라도 통화료가 아까워서라도 전화 한 통 하지 않는 경우가 생기는 것이다.

좋은 물건을 사기 위해서는 판단 능력은 어느 정도 선까지만 발휘하고, 실력 있는 중개사로 하여금 '이분 꼭 사드려야 하는데'라는 마음의 짐을 가질 수 있도록 친화력을 보이는 것만으로도 충분하다.

내가 남들보다 정보를 더 빠르게 수집할 수 없고 한 동네 매물을 죄다 매수할 정도의 조직력이 없다면, 결론은 소개자를 믿고 빨리 움직이고 빨리 결정하는 것뿐이다. 아무리 내가 분석 능력이 뛰어나도 분석하는 동안 저렴한 물건은 다 빠져나가거나 최악의 경우 사고 싶어도 살 수 없을 정도로 시장이 끝나 있을 것이다.

공부는 최종 결정을 내리는 데 도움을 주는 것이지 모든 과정을 혼자서 다 할 수 있는 능력을 키워주는 것이 아니다. 대부분의 투자자들이 평생에 손으로 꼽을 정도의 부동산 매매를 하면서 업으로 하는 사람 이상으로 알겠다는 것이 이미 과욕인 것이다. 전업 투자자도 아니면서 모든 정보를 끌어안고 혼자 분석하면서 시간을 보내는 것보다는, 그럴 시간에 다른 일에 몰두하는 것이 훨씬 효율적일 것이다.

그래도 만약 공부가 너무 즐겁고 재미있다면 아예 1년에 한 번씩은 투자하는 전업 투자자의 길로 나서든가 컨설팅을 업으로 삼는 것이 어떻겠느냐고 조심스럽게 조언하고 싶다.

7

내 여력 이상으로 무리하지 말라

직장이나 교육 등 강남과 관계된 사람이라면 누구나 '직주근접'하는 강남에 살고 싶어한다. 깨끗한 주거 환경에 수준 높은 생활을 누리고 싶은 욕망은 인간의 기본적인 욕구이다. 주택을 보는 눈이 높고 재테크에 관심이 많은 사람일수록 더하다. 그런데 생각해보자. 만일 강남에 살고 싶은 독자라면 강남 아파트를 마련할 때까지는 절대 집을 사지 않을 것인가?

내집 마련에 들어갈 종자돈을 집이 가져다주는 수익률 이상으로 굴리고 계속 불려나갈 자신이 있는 사람이라면 굳이 내집 마련에 연연하지 않아도 된다. 그러나 어떤 투자에나 부침은 있는 법. 흔히 하는 말로 주식은 휴지 조각 되면 끝이지만 부동산은 최악의 경우 깔고 살면 된다. 그러면 최소한 전셋값만큼은 굳는다. 언제고 기회가 왔을 때 수준에 맞춰 내집 마련을 해야 집값 상승기에 상대적인 손실을 줄일 수 있다.

가끔 신문 지상에 강남 아파트는 3억 원 오르고 강북 아파트는 1억 원 올랐다는 내용의 기사가 나온다. 강북이 강남만큼 투자가치가 없다는 뜻일까?

아니다. 숫자의 착시 현상을 꿰뚫어봐야 한다. 퍼센트로 따져야지 돈의 액수로 볼 일이 아닌 것이다. 9억 원짜리 아파트가 3억 원 오른 것과 3억 원짜리 아파트가 1억 원 오른 것은 투자 금액 대비 수익률로 따졌을 때 상승률이 똑같다는 얘기다.

오히려 강남이 좋다고 무리하게 융자 내고 전세 끼고 강남 아파트를 산 사람들은 지금 곤욕을 치르고 있다. 강남의 32평형 아파트는 대부분 종부세 대상인 데다 은행 금리 상승으로 인한 이자 부담이 만만치 않다. 월급의 절반 이상을 이자로 내면서 근근이 버티고 있는 사람도 많을뿐더러, 융자나 각종 세금을 제한 액수보다 높게 집값이 올라줘도 금융비용 때문에 손절매하는 경우를 숱하게 봐왔다.

예를 들어 부동산 가격이 작년과 비교해서 10% 올랐다고 가정해보자. 하지만 이 오름세는 은행 금리처럼 매달 일정 비율로 오르는 게 아니라 쭉 같은 수준으로 유지되다가 불과 1~3개월 만에 확 오르는 것이다. 그러므로 본인의 상환 능력 이상으로 무리를 하게 되면 이 '유지하는 기간'을 버텨내지 못하고 손절매를 할 수밖에 없게 된다.

고객을 상대할 때 이 지역은 이런저런 호재가 가격을 뒷받침하고 있고 앞으로 상승이 기대된다고 브리핑하면 고객들은 "그럼 이렇게 좋은 걸 매도자는 왜 내놓았느냐?"고 묻는다. 매매 사유에는 여러 가지가 있겠지만 손절매도 많은 비중을 차지한다.

그나마 일반 아파트는 주거라도 할 수 있고 소유에 대한 안정성이 높다. 일단 내가 산 물건의 실물과 환경이 눈에 보이는 것이다. 그런데 재개발과 재건축은 이런 측면에서 소유자의 인내심을 시험한다. 실물은 구리구리하지만 이것이 아파트가 된다는 가정 하에 투자를 해야 하는 것이다.

그러니 융자를 무리하게 받은 투자자들은 사업의 진척이 없거나 소송 등으로 인한 악재가 생기거나 가격의 변동이 없을 때는 조급해진다. 기다리고 관망하다 보면 꼭 오를 지역이라는 확신으로 여유를 가져야 하는데, 사실 확신도 없고 자금 압박이 생기니 실망매물을 내놓는 것이다. 이렇게 남 좋은 일을 시켜주는 분들이 있어 오늘도 손바뀜이 일어난다.

강남 부자들의 특징 중 하나인 상가 투자의 예를 하나 들어보겠다. 전문가 입장에서 보면 말도 안 되는 자리의 상가를 말도 안 되는 가격으로 사는 경우가 많다. 보수적으로 은행에 넣어두어도 저보다는 이자가 더 나올 텐데 왜 저런 상가를 살까 의아하게 만드는 투자 행태다. 또 같은 가격이라면 강남이 아닌 강북이나 수도권에 사는 것이 수익률도 최소한 연 3% 더 나오고 처분 소득도 더 좋을 것 같은데 굳이 강남을 고집하는 분들이 많다.

필자는 이런 경우들을 지켜보다가 이는 경제적 논리로 풀기 힘든, 심리적 요인이 작용하기 때문이라는 결론 내렸다. 강남 부자들에게 상가란 고가의 미술품과도 같다고 말이다. 강남에 오가며 볼 수 있는 본인 명의의 상가가 있고, 세입자가 매달 얼마가 되었든 돈을 입금하는 흐뭇함이란 이성으로는 이해하기 힘든 감정일 것이다.

2005년의 어느 날, 50대 초반 정도로 보이는 투자자가 사무실을 방문했다. 그분은 투자금 5억 원 정도로 노후에 도움이 될 만한 월세 나오는 '강남' 상가를 찾아달라는 주문을 하셨다. 당시 5억 원이면 강남에서 보증금 1억 원에 월세 200만 원 정도 나오는 상가를 살 수 있는 금액이었고, 사실 그 정도면 매우 훌륭한 상가라 할 만했다.

누구나 대로변에 있어 유동 인구가 바글바글하거나 임차료 밀릴 걱정이 없는 대단지의 상가를 원하겠지만, 그런 초특급 물건을 노리기에는 금액이 맞지 않는 상태였다. 또 재건축 대상 아파트의 상가는 월세 수입이 적다는 단점이 있다. 이렇게 저렇게 따져봐도 단순 계산으로 수익률은 5%인데 과연 이 정도에 만족할 수 있을까? 수익률과 처분 이익 두 마리 토끼를 잡을 방법이 있는데도 무리하게 돈을 보태더라도 상가를 구입해야겠다며 단순히 상가만 고집하는 투자자를 어떻게 설득할까?

마침 필자가 접수받은 적당한 물건이 있었기에 고민이 더욱 깊었다. 해당 물건은 송파구에 위치해 있는 다세대주택이었는데, 모두 6세대가 들어 있고 대지는 214㎡(약 65평)이었다. 주인이 맨 위층에 거주하는 전형적인 다가구 형태로, 한 사람 명의로 6채를 모두 보유하고 있었다. 매도가는 8억 4,500만 원이고 세입자의 보증금 및 월세는 모두 합쳐 2억 5,000만 원에 월 250만 원. 만일 이 집을 매수해 살지 않는다고 가정하면 보증금만 4억 원에 월세 300만 원이 나오는 격이었다.

문제가 될 만한 것은 보유 주택수가 갑자기 늘어난다는 점일 뿐이었다. 하지만 취·등록세를 포함하여 본인 자금 약 5억 원에 월세가 상가 이상 나오는 물건은 흔치 않았다. 물론 당시는 일반인들이 수익성 상품에서 다세대주택을 제외할 때였으니 투자자의 불안감은 매우 컸으리라.

"말이 그렇지 6세대를 귀찮게 어찌 관리를 하겠나? 상가가 속 편하지~."

"그런데 어차피 상가를 사더라도 임대사업자 등록은 할 거고, 수익률이 상가 이상 나오고, 심지어 처분 이득을 챙길 수 있는 물건인데요? 임대사업자 등록을 하고 10년 이상 보유하면 양도소득세가 아니라 사업소득세를 내는 것이니 주택 수에 연연하지 않아도 되고, 노후 대책용 부동산을 찾으셨던 것이니 처분 소득 또한 상가보다 훨씬 나을 겁니다."

필자는 "그래도, 그래도…"를 연발하는 투자자를 모시고 억지로 계약을 시켜드렸다.

주택이 상가와 다른 점 하나는 경기가 어렵다고 해도 장기간 비어 있는 경우가 극히 드물다는 점이다. 이 점은 한번 공실 상태가 되면 소득이 하나도 없는 상가보다 위험관리 측면에서 훨씬 긍정적이다.

현 시점에서 종합부동산세라는 변수가 있긴 하지만 이 경우 임대사업을 낸 주택의 면적이 국민주택규모 이하, 즉 85㎡ 이하이면 종부세 합산배제신청이 가능하므로 보유세 측면에서도 손실이 없다. 최근 재개발 붐이 일면서 기본 계획이 없는 지역도 가격이 급상승했는데, 현재 그 다세대주택은 채당 2억 5,000만 원, 총 매매가도 15억 원 이상 호가하고 있다.

상가의 경우 수익률 및 발전 가능성, 배후지의 안전성 등을 고려하여 더 세심하게 따져 사야 하는 것이 기본이고, 꼭 상가만 수익률이 높은 것은 아니며 처분 소득 또한 고려해야 한다는 점을 보여주는 사례라 하겠다.

땅에 발이 달려서 어디로 달아나겠는가? 이처럼 비단 재개발·재건축만이 아니라 모든 투자에 적용되는 성공 원칙은 내 자금 여력 이상으로 무리하지 않는 것이 첫 번째요, 마음에 여유를 가지는 것이 두 번째일 것이다. 자신의 자금 규모에 맞는 투자처를 찾아 느긋하게 기다리다 보면, 언젠가 반드시 빛을 보는 날이 찾아올 것이다.

8

공인중개사를 길들여라

2007년 기준으로 부동산 공인중개사는 2만 명을 넘어섰다. 장롱면허도 있고 개인적인 사정으로 다른 일을 하는 합격자들도 있지만 엄청난 숫자인 것만은 틀림이 없다. 합격률이 14% 선에 불과할 정도로 시험 수준이 점점 더 높아지고 있는데 합격자는 더욱 늘어나고 있다. 왜 이런 모순적인 현상이 생길까? 그것은 요즘 젊은이들이 대거 응시에 나서고 있기 때문이다.

비생산적인 직업에 젊은이들이 많이 몰린다는 것은 국가적으로는 손실이겠지만 소비자(부동산 매수자)의 입장에서는 오히려 반가운 일일 수 있다. 노익장들의 연륜과 매물 확보력, 경험치와 젊은 공인중개사들의 체계적인 지식, 정보력을 함께 누릴 수 있기 때문이다. 같은 업종에 종사하는 필자 또한 이들의 등장으로 재편되는 시장을 흥미진진하게 지켜보고 있다.

요즘은 자격증 취득 후에 부동산 관련 교육을 많이 듣고 프랜차이즈 사무소로 창업하는 것이 대세인 것 같다. 시장에 다녀본 결과 확실히 교육을 받고 한 번이라도 더 세미나에 참가한 경험이 있는 중개사들이 더 큰 틀에서 시장을 읽고 분석하는 능력도 뛰어나다는 것을 느꼈다. 중개업소마다 나름의 특징과 특화점이 있으므로 투자자라면 그 지역의 젊은 공인중개사 사무실이나 프랜차이즈 사무실에 방문해 내가 알지 못했던 정보라든가 위험성 같은 부분을 한번쯤 체크해보는 것도 괜찮을 것 같다.

필자는 다년간 중개업소를 운영하면서 많이 사기도 하고 팔아보기도 했는데, 이쯤에서 다른 사람들이 별로 언급하지 않는 '집 잘 사는 법'을 공개할까 한다.

서울 시내에서 새로 지은 아파트든 기존 아파트든 가릴 것 없이 어디나 단지 내 상가 1층은 대부분 공인중개사 사무실로 가득 찬다. 어떤 상가는 마치 부동산 백화점 같은 느낌이 들 정도로 많은 부동산 사무실이 영업을 하고 있다. 이 수많은 업소들 중에서 어디를 통해 물건을 사야 좋을까?

요즘 개인정보 유출 사고가 왕왕 문제가 되고 있다지만, 그중에서도 아파트 소유자의 정보는 거의 노출돼 있다고 봐도 과언이 아니다. 사실 대법원 사이트에서 나의 주민등록번호만 넣으면 어떤 집의 등기부도 뗄 수 있고 대출 관계 및 집과 관련된 소상한 정보를 죄다 알 수 있지 않은가?

공인중개사 사무실들은 필자가 차마 밝힐 수 없는 어떤 경로로 부동산 소유자들의 신상정보를 알고 있다. 쉽게 말하면 소유자가 직접 물건을 내놓은 곳이든 아니든 간에 한 동네의 모든 부동산들이 소유자의 연락처 정도는 알고 있다는 말이다. 중개사들은 한 달에도 몇 번씩 어떤 집의 세입자가 언제 나가는지, 매매 계획은 있는지 등의 정보를 시시때때로 교환하며 물건 확보를 한다. 아예 이들끼리만 공유하는 특수 메신저도 있다. 이렇게 상호 매물 공유를 하기 때문에 각 부동산들의 매물 확보력에는 큰 차이가 없다(물론 특정 중개사가 '공사하는 물건의 경우는 혼자만 갖고 가기도 한다).

이런 상태에서 현명하게 시장가격으로 물건을 사려면 어떻게 해야 할까? 대답은 간단하다. 매도자로 하여금 수요자가 거의 없다고 판단하게끔 하는 것이다.

상세히 예를 들겠다. 독자가 매수자, 혹은 세입자 입장인데 어떤 지역에 가서 이곳저곳 부동산에 들러 원하는 물건이 있는지 상담했다고 하자. 그러면 시장에 나와 있는 물건은 대부분 뻔하기 때문에 여러 사무실에서 한 소유자에게 연락을 많이 하게 된다. 그러면 매도자는 착각을 하게 된다. 우리 집이 괜찮은 물건이라서 여러 사람이 찾는다고 오인하는 것이다. 그러면 가격을 은근슬쩍 올리거나 신혼부부만 들이겠다든가, 잔금을 보름 내로 해달라든가 하는 식으로 요구 조건이 많아진다. 계약의 주도권을 매도인, 또는 임대인에게 빼앗기게 되는 것이다.

따라서 한 사무실에 의뢰하고 그곳이 일을 잘할 것 같다는 판단이 섰다면, 꼭 여기서 계약할 사람이라는 신뢰를 심어주는 것이 매우 중요하다. 중개업소는 바쁘든 한가하든 심리적으로 꼭 할 것 같은 사람에게 더 노력을 기울이는 것이 당연하다. 그렇기 때문에 꼭 살 거라는 인식, '너를 믿고 다른 데는 안 가고 여기서 꼭 계약을 하겠다'라는 인식을 심어줘야 한다.

또 한 가지, 이 동네에서 꼭 사기는 하겠지만 부동산들을 여러 곳 둘러보고 결정하겠다고 생각하는 사람이라면 중개사에게 이런 마음을 내비치거나 눈치 채게 하지 말라. 중개업소들이 매물 공유하는 것을 알고 있으므로, 예를 들어 3억 원에 나온 물건을 여기저기 돌아다니며 입질을 하다 보면 2억 8,000만 원에 살 수 있을 거라고 생각하는 경우가 대표적이다. 이쪽 중개사가 매도자가 내놓은 가격에 혹시 작업을 해놓지는 않았을까 하는 의심, 또는 이 중개사가 내가 원하는 가격까지 깎아줄 능력(?)이 없지 않을까 못미더워하는 탓에 이런 생각을 하게 되는데, 이는 잘못된 생각이다. 매도자 입장에서는 여기저기서 전화가 와서 "그 물건 얼마에 내놓으신 거 맞죠? 보러 가도 되나요?"라고 문의를 해대는데 3억 원에서 매도가를 선뜻 낮춰줄 리가 만무하다.

해당 부동산에서는 일껏 매수 희망자에게 가장 적합한 물건을 찾아서 권유를 했는데, 정확한 의사를 밝히지도 않고 둘러보고 오겠다며 나간 뒤 다른 중개업소에서 똑같은 물건을 입질하고 있는 걸 알게 되면 '방해 공작'을 하기도 한다. 앞서 말했듯 중개사 사무실은 많고 매물은 한정되어 있으므로, 방해 공작이 들어가면 몇 십분 만에 3억 원짜리가 3억 2,000만 원으로 껑충 뛰기도 한다.

서비스업에 종사하는 직군들이 가장 목마른 것이 고객의 '신뢰'다. 신뢰를 주면 그들은 반드시 보답한다. 서로에게 고맙고 도움이 될 수 있는 관계를 잘 이용하기 바란다.

9

전국구 재개발 지역에 주목하라

재개발 지역, 그 중에서도 전국구는 어디와도 비교할 수 없이 환금성이 높다.

각종 재건축 아파트가 주택 가격을 선도하고 있던 당시를 기억해보자. 도곡 주공, 잠실 주공, 반포 주공, 영동 주공…. 지금은 렉슬이니 아이파크니 자이니 하는 이름으로 바뀌었지만 명성은 어디 가지 않는다. 투자에 조금만 관심이 있다면 서울에 살지 않는 사람조차 이름 정도는 들어본 아파트들일 것이다. 그런데 아무리 강남구에 속해 있다 하더라도 300세대 미만의 조그만 단지나 재건축 아파트는 서울시에 거주하는 사람조차 어디에 있는 어떤 아파트인지 잘 모르는 게 현실이다.

예를 들어 투자자가 재건축 아파트를 사려고 중개업소에 방문했다고 가정하자. 투자자가 전혀 듣도 보도 못한 아파트를 중개사가 설명하고 거래를 성사시키는 것은 무척 힘든 일이다. 하지만 투자자가 익히 들어본 아파트라면 "아, 그 아파트요? 그게 괜찮나요?"라면서 첫마디부터 태도가 다르다.

대단지, 그리고 언론과 투자자들의 관심을 받는 지역은 상승세를 탈 때 가장 많이 오르고 하락기에도 상대적으로 덜 떨어진다. 강남 재건축의 기대주인 은마 아파트나 개포 주공 아파트는 전 국민이 다 알고 있다. 그러나 사당동이나 방배동의 재건축 아파트는 전국적 인지도가 떨어진다. 수도권 사람들은 지방 사람들이 집값도 안 오르는 곳에 산다고 살짝 무시하는 경향이 있는데, 지방 사람들도 서울 수도권에 엄청나게 투자한다. 큰손 작은 손 할 것 없이 말이다.

대기업의 광고 집행의 원칙 중 하나는 '융단 폭격'이라고 한다. TV만 켜도, 어디로 채널을 돌려도 귀에 익은 시그널과 함께 그 제품의 광고가 들리도록 말이다. 자꾸 들으면 알고, 알면 믿게 되는 게 사람의 심리이다.

똑같이 대지 지분 33㎡인 물건이 두 개 있다. 용산의 것은 3.3㎡당 5,000만 원씩 5억 원이고 길음동은 3.3㎡당 1,500만 원씩 1억 5,000만 원이라 치자. 길음동 물건이 더 싸다고 여겨지는가? 미래는 어떻게 될 것 같은가? 환금성은 어떤 물건이 더 높을 것 같은가?

대부분의 부동산 전문가들이 이왕이면 분양가가 비싼 곳에 투자하라고 하는 이유에 주목하자. 집값은 땅값과 건축비가 합쳐진 가격 아닌가? 그런데 어떤 땅에 짓더라도 건축비는 대개 비슷하다. 부산이나 대구에서 쓰는 철근이 서울에서 쓰는 철근보다 싼 것이 아니고 광주에서 쓰는 싱크대가 서울에서 쓰는 싱크대보다 질적으로 나쁘거나 싼 것이 아니다. 부동산 가격을 좌우하는 것은 건축비가 아닌 토지 가격이기 때문에 이왕이면 비싼 곳에 투자하라는 것이다.

물론 현재의 상황을 보면 재개발에 대한 학습 효과로 인해 인식 가격이 크게 올라 있는 걸 볼 수 있다. 비싸긴 비싼데 얼마만큼 비싼지에 대한 개념이 없다. 결론은 앞으로 더 오를 곳이 현재 더 싼 곳이라고 생각하면 된다.

어떤 사람이 재건축이나 재개발에 투자하고 싶다는 생각이 든다면 일단 어디로 갈 것 같은가? 용산, 한남, 성수 등 많이 들어본 곳으로 가게 되어 있다. 이런 수요들이 쌓여 가격을 굳건히 지탱한다. 지금 지분 당 5,000만 원이 비싸게 느껴질 수 있지만 전국구는 지분당 1억 원 되는 것도 순식간이다.

수요가 많은 곳은 환금성이 좋고 시장 상황이 어떻든 꾸준히 상승한다. 무조건 싼 곳이 환금성이 좋을 거라는 생각은 절대 금물이다.

전 국민이 관심을 갖는 지역에 투자하라. 재개발도 재건축처럼 전국구에 투자할 필요가 있다. 장기로 가든, 단기로 가든 안정성을 확보하기 위해서는 우량주에 투자하는 것이 가장 기본적인 성공 투자의 원칙이다.

10

공시지가가 높은 곳에 투자하라

재개발에서 단돈 몇 백만 원이라도 더 벌겠다고 생각한다면 '이왕이면' 하나 더 체크할 것이 있다. 그것은 바로 공시지가이다. 물론 실거래가와는 거리가 무척 크지만 생각보다 쉽게 알아볼 수 있으므로 잊지 말고 검색해보자.

재개발 지역에서 발품 좀 팔아본 적이 있는 투자자라면 '권리가액'이라는 말을 한 번쯤 들어보았을 것이다. 이는 감정평가사 2인 이상이 산술평균 내는 감정가액에 비례율을 곱한 것이다. 감정평가의 원칙은 개발이익이 아니라 현황 그대로를 반영한 평가 금액이다.

그렇다면 공시지가는 누가 산출하는 것일까? 이 또한 감정평가

사들이 표준지공시지가를 참조하여 각 개별 필지의 공시지가를 산출하는 것이다. 이는 신뢰할 수 있는 정보이다. 왜냐하면 재개발 지역 감정평가를 맡은 평가사가 임의로 가치가 높은 물건보다 낮은 물건에 더 비싼 공시지가를 매길 수는 없기 때문이다. 따라서 비슷한 물건 두 개 중에 하나를 선택해야 한다면 공시지가가 더 높은 물건을 사는 것도 하나의 투자 팁이 된다.

인터넷에 보면 해당 물건지의 공시지가 서류를 떼어준다고 하면서 수수료를 받는 업체들이 있는데, 그렇게 시간과 돈을 낭비할 필요가 없다. 국토해양부 사이트(http://luris.moct.go.kr)에 접속하면 토지 이용 계획을 열람할 수 있고 여기서 공시지가도 무료로 언제든지 확인할 수 있다.

"아, 이런 게 있었군!" 하면서 한 구역의 공시지가를 죄다 조사하는 분이 혹시 있을까 봐 노파심에 일러둔다. 공시지가는 어디까지나 참고 사항일 뿐, 이것으로 해당 물건의 실거래가가 싼지 비싼지 판단할 수는 없다.

예전에는 개발 호재가 없는 지역, 특히 지방 등지에서는 통상 공시지가의 1.8배 미만에서 거래되는 게 일반적이었다. 이는 해당 물건이 개발이나 도로 등으로 수용될 때 정부의 보상 금액이 공시지가의 1.8배 이하인 것에 따른 것이다. 그러나 지금은 이런 계산식이 무의미해졌음을 반드시 기억하자.

앞에서 '이왕이면'이라고 한정을 둔 것을 기억하는가? 나오는 매물마다 공시지가 비교하고 사업 분석도 다 해볼 동안, 좋은 물건은 사라지고 부담스러운 매물만 남는다. 재개발 투자는 공부가 아니라 행동이라는 점을 명심하자.

3장
재개발 투자, 이것만 유의하라

1. 초기 투자비는 무조건 적게
2. 분리다세대를 조심하라
3. 나대지 소유자는 아파트를 못 받는다?
4. 무허가 건물이라면
5. 어떤 지역의 어떤 매물을 얼마에 사야 하나
6. 존치지역에 투자해도 괜찮을까
7. 지분 합치기는 32평형을 노려라
8. 꺼림칙한 물건이 수익을 가져다준다
9. 기다림의 과정을 즐겨라

1

초기 투자비는 무조건 적게

"이 물건 사면 몇 평 갈 수 있나요?"

재개발 사업 초기 시장에서 매수자들이 꼭 묻는 말이다. 이때 대지 99㎡(30평) 정도는 사야 40평형대를 배정 받는다고 말도 안 되는 대답을 하는 중개업소들이 간혹 있다. 재개발에서의 평형 배정 절차는 다음 페이지와 같다.

재개발 지역에서 아파트를 건립할 때는 법에 의해 24평형 40%, 32평형 40%, 국민주택 규모 이상 20%를 짓게 되어 있다. 그리고 국민주택 규모 이상의 부분에서는 50%를 일반 분양하게 되어 있다. 간단히 말해서 한 구역의 조합원권리가액 순위 중 상위 10%의 조합원만이 대형 평형을 배정받을 수 있다는 얘기다.

재개발 평형 배정 절차

- 감정 평가 : 2개의 감정 법인에서 토지·건물 평가
- ↓
- 평균치 산출 : 2개 기관 평가액을 산술 평균하여 평균치 산출
- ↓
- 권리가액 산정 : 〈평가액×비례율〉로 권리가액 산정
- ↓
- 평가액 순위 결정 : 평가액 다액 순으로 순위 결정
- ↓
- 평형 배정 : 평가액 다액 순위별로 평형 배정

그런데 관리처분이 되기 전에는 사실 상위 10%의 물건이 어떤 물건인지 일반인은 물론이려니와 부동산 사무실에서도 판단하기가 쉽지 않다. 꼼꼼하고 실력 있는 중개사는 한 구역의 등기부를 모두 열람하고 대지 지분 및 건물 평수로 나름 분석하여 자신 있게 말하는 경우도 있지만, 이 역시 정확하다고 할 수는 없다.

현재 감정평가 업무에 있어 감정평가사 2인 이상의 감정 결과로 산술 평균하는 것도 한 명의 감정평가사로는 부정확하기 때문에 그런 것인데, 공인중개사라고는 해도 감정평가사 자격이 없는 사람이 나름대로 판단한다는 것 자체가 쉽지 않은 이야기이다.

따라서 상위 10% 물건을 잡을 때까지 매수를 보류할 일이 아니라 우선적으로 조합원의 자격부터 취득하는 게 바람직하다. 재개발 지역에서는 한 세대의 조합원에게 하나의 분양 자격만 준다. 따라서 일단은 조합원이 되고 40평형 이상을 배정받고 싶다면, 관리처분 전에 대강의 조합원 순위를 확인해 권리가액을 합치는 방법이 바람직하다. 미리부터 투자 금액을 높여서 자금 유동력을 떨어뜨릴 필요는 없다. 현장에서는 중개사의 말만 믿고 대형 평수를 받기 위해 단독주택 지분 99㎡짜리 물건을 샀다가 32평을 배정받게 되어 상대적으로 몇 억 원씩 손해를 보게 된 투자자도 많이 봤다.

뉴타운의 경우는 어떨까? 참고로 이제 뉴타운이라는 말은 안 쓰고 도시재정비촉진지구(이하 도촉지구)라고 부르기로 하겠다. 도촉지구에서는 대형 평수를 40%까지 지을 수 있고 국민주택 규모 이하를 60% 지을 수 있다. 24평형을 지으라는 의무 규정은 없으나 조합원 수와 건립 규모를 고려하여 평형을 배분한다. 이 역시 대형 평수의 50%를 일반 분양해야 하는 것은 동일하다. 이 경우는 권리가액 상위 20%만 대형 평수를 배정받을 수 있다는 뜻이다.

권리가액 평가에 있어서도 현재 진행 중인 지역들마다 불만과 의심의 소리가 높고, 이에 불복하여 소송까지 제기하는 경우도 있다. 그러므로 처음부터 비싼 금액을 주고 큰 지분을 사는 것은 피하자. 관리처분이 나오기 전에는 아무것도 판단할 수 없다.

재개발 진행 흐름도

추진위원회 승인 → 구역 지정 → 조합설립 인가

추진위원회 승인
- 추진위원회 구성
- 토지 등 소유자 명부 작성
- 추진위 설립 동의서 징구 지원
- 토지 등 소유자 과반수 동의(50% 이상)
- 운영 규정 작성(소유자의 1/10 이상 추진위원 확보)
- 토지조서 및 건축물 조서 작성

구역 지정
- 정비 구역 지정 동의서 징구
- 토지 등 소유자 2/3 이상 동의(주민 신청 시)
- 토지 등 소유자 명부 작성
- 불량 주택 현황 작성
- 세입자 대책 현황 작성
- 임대 아파트 및 학교부지 협의
- 정비사업 전문 관리업자 선정
- 구역 지정을 위한 각종 설계도면 작성 지원

조합설립 인가
- 창립총회(조합장 및 임원 선임)
- 조합설립동의서 징구
- 토지 등 소유자의 4/5 이상의 동의
- 조합정관안 작성
- 조합법인등기

착공 ← 관리처분 계획 ← 분양 신청 ← 사업시행 인가

착공
- 국공유지 매수 신청
- 분할 측량
- 이주 및 철거

분양 신청
- 분양 신청 안내 지원
- 관리처분 계획 작성
- 자금 운용 계획 작성
- 이주비 대여에 따른 제반 업무 지원
- 소송 관리
- 제세공과금 관리 지원

사업시행 인가
- 사업시행계획동의서 징구
- 조합정관에 정하는 바에 따라 토지 등 소유자 동의
- 각종 현황 측량 실시
- 세입자 대책 최종서류 확정
- 국공유지 무상양여, 양도 협의
- 사업시행계획서 작성
- 사업시행계획을 위한 최종 도면 작성 지원

준공검사-입주 → 조합 해산 → 청산

준공검사-입주
- 조합원 분양-동/호수 추첨
- 일반 분양 - 분양 승인
- 상가 및 기타 복리시설 분양
- 자금 및 소송 관리
- 제세공과금 관리

조합 해산
- 공사(감리) 완료 보고
- 확정 측량
- 공사비 및 대여금 청산
- 사업 완료 신고
- 이전 고시

청산
- 해산 총회
- 자금, 회계 정산

재개발은 각기 다른 권리가액을 가진 수많은 사람들이 모여 사업을 하기 때문에 어떤 매물이 좋은 것인지 옥석을 가려내기가 쉽지 않다. 하지만 간단히 정리하자면 가능한 한 초기 투자금을 적게 하여 투자에 대한 금융비용을 최소로 하고, 추가부담금과 매입금액을 합쳤을 때 금액이 적게 들어가는 것이 가장 좋은 물건이다. 더 쉽게 말하면 큰 지분에 연연 말고 아주 작은 지분이라도 사라는 말이다.

독자가 재개발 대상 지역에서 두 개의 물건을 발견했다고 가정하자. A는 전용면적 33㎡짜리 다세대로 대지 지분 16.5㎡짜리 물건이고, B는 전용면적 79.2㎡으로 대지 지분 39.6㎡이다. A는 매도가 3억 원이고 B는 4억 8,000만 원이라고 한다. 독자라면 어떤 물건을 택하겠는가?

독자의 눈에는 A는 3.3㎡당 6,000만 원 꼴이고 B는 3.3㎡당 4,000만 원 꼴이니 이왕 살 것 B가 더 저렴하게 느껴질 수도 있다. 그러나 평당 프리미엄은 적더라도 평수가 늘어나면 전체적인 프리미엄도 늘어나는 격이 된다.

결국 살 당시에 평당 프리미엄에 집착해 B를 산 사람은 A를 산 사람보다 9,600만 원을 더 지불하게 되는 셈이니, 작은 지식의 차이가 1억 원에 육박하는 손해를 입게 하는 것이다.

성공 투자를 위한 A와 B의 분석표

구분	A	B
매물	대지 지분 16.5㎡ / 건물 33㎡	대지 지분 39.6㎡ / 건물 79.2㎡
시세	3억 원(3.3㎡당 6,000만 원)	4억 8,000만 원(3.3㎡당 4,000만 원)
감정평가액	대지 지분 16.5㎡×1,000만 원 =5,000만 원	대지 지분 39.6㎡×1,000만 원 =1억 2,000만 원
	건물 평수×100만 원=1,000만 원	건물 평수×100만 원=2,400만 원
	합계 : 6,000만 원	합계 : 1억 4,400만 원
조합원 분양가(105.6㎡)	3억 2,000만 원	3억 2,000만 원
추가부담금 (분양가−감정평가액)	2억 6,000만 원	1억 7,600만 원
총 투자금 (시세+추가부담금)	5억 6,000만 원	6억 5,600만 원

2

분리다세대를 조심하라

　재개발 지역에서 투자 상담을 하다 보면 투자자들이 유독 '재개발'에 대해서는 두려움과 의심을 갖고 있는 걸 자주 느낀다. 재건축은 '토지 및 건축물 소유자'면 분양 자격이 갖춰지는데, 재개발의 경우는 조례시행일 이전에 어떤 형태였는지 등 이런저런 어려운 말이 많이 적혀 있으니 지레 겁부터 먹는 것도 무리는 아니란 생각은 든다.

　그러나 사실 따지고 보면 실제 주의할 점은 몇 개 되지 않으며, 주의해야 할 물건이라면 안 사면 그만이다. 그런데 재개발 교육기관이나 부동산 정보 제공 사이트 등에서는 마치 재개발이 무슨 복마전인 양 어려운 사업인 것처럼 포장하거나, 모르면 큰일 난다는 식으로 투자하기 복잡한 사업으로 인식시키는 경향이 있다. 이렇게 어려운 사업이니 아무데서나 샀다간 사기 당하기 십상이고 꼭 자기네한테서 사야 한다는 식의 장삿속을 보이는 곳도 꽤 있는 것으로 알고 있다.

분양 대상에 유의를 해야 하는 것은 사실이나, 정히 내키지 않으면 안 사면 된다. 일반 중개업소의 공인중개사들도 재개발 시장에서 중개를 하더라도 위험한(?) 물건들은 취급을 하지 않는다는 정도의 지식은 대부분 갖고 있다. 위험한 물건이라 표현했지만 그런 물건들은 많지도 않을뿐더러, 모르는 사람에게 속여 팔 수 있는 물건도 아니고 모르는 사람은 아예 살 수도 없다. 예를 들어 재개발 지식이 전혀 없는 사람이라도 90㎡ 넘는 도로 지분을 사라고 하면 사겠는가? 즉 이상하면 확인을 해보고 안 사면 그만이다.

그래도 만일을 대비하여, 재개발 투자를 해야겠다고 결심한 투자자라면 놓쳐서는 안 될 몇 가지 유의점을 설명하고자 한다.

일단 투자자들이 제일 관심 있어하는 서울권역에서 가장 주의해야 할 것은 내가 사고자 하는 물건이 '원다세대인가, 분리다세대인가?' 하는 점이다. 이는 재개발 투자에서 가장 빈번하게 발생하는 사고이므로 꼭 확인해야 하는 부분이다.

분리다세대란 원래는 다가구주택, 즉 최초 준공 시에 1인의 소유로 등기되었던 것을 나중에 분리해서 각 세대별로 여러 명, 혹은 각 호수별로 등기부를 만든 것을 말한다. 서울 구도심에는 다세대로 오인하기 딱 좋은 번듯한 4층짜리 건물도 원래는 다가구인 것을 등기부만 '쪼갠' 경우가 많으므로 유의해야 한다. 분리다세대라고 해서 무조건 피하라는 것은 아니고, 서울시 조례에 따르면 2003년 12월 30일 이전에 분리된 것에 한하여 조합원 자격을 각각 주고, 아파트 배정은 전용면적 60㎡ 이하나 임대아파트를 받도록 되어 있다. 만일 해당 물건이 2003년 12월 30일 이후에 분리된 경우는 각각의 소유자 모두에게 조합원 자격이 있는 게 아니라 한 개만 나오기 때문에 주의를 요한다. 재개발 지역에서 직거래를 하는 투자자는 거의 없을 테니, 계약 시에 중개업소에서 등기부등본과 건축물관리대장을 대조, 확인하는 것으로 충분히 걸러낼 수

부동산등기법 제56조

건축물대장에 등록된 부동산에 관한 상황은 등기부에 기재되는 부동산의 표시 및 등기명의인의 표시의 기초가 된다. 따라서 건물의 상황에 변동이 생긴 때에는 먼저 건축물대장을 변경한 후에 등기 변경을 신청해야 한다.

만일 등기부에 기재한 부동산의 표시가 건축물대장과 부합하지 않는 경우에는 그 부동산의 소유명의인은 먼저 부동산의 표시의 변경등기를 하지 않으면 그 부동산에 관한 다른 등기를 신청하지 못하고, 또 등기부에 기재한 등기명의인의 표시가 건축물대장과 부합하지 않는 경우에도 그 등기명의인은 등기명의인 표시의 변경등기를 하지 아니하면 그 부동산에 대하여 다른 등기를 신청할 수 없다.

있는 부분이다.

  이 부분을 강조하는 이유는 분리다세대 여부를 확인하는 것이 등기부등본만으로는 불충분하기 때문이다. 보통은 등기부등본에 등재되어 있지만 누락된 경우도 왕왕 볼 수 있다. 그러므로 원다세대인지 분리다세대인지, 혹은 언제 분리된 분리다세대인지 체크하려면 반드시 건축물관리대장을 확인해야 한다.

등기부등본에 분리 사실이 표시된 예(일반적)

[집합건물] 서울특별시 송파구 마천동 ○○○-20외 1필지 제2층 제202호

등기부 등본 (말소사항 포함) - 집합건물

고유번호 2442-2004-004472

【 표 제 부 】 (1동의 건물의 표시)

표시번호	접 수	소재지번, 건물명칭 및 번호	건 물 내 역	등기원인 및 기타사항
1	2004년6월22일	서울특별시 송파구 마천동 ○○○-20, ○○○-27	철근콘크리트조 철근콘크리트지붕 지상 4층 공동주택외 1 1층 73.57㎡ 2층 88.46㎡ 3층 88.46㎡ 4층 63.56㎡ 옥탑층 8.64㎡(연면적제외)	일반에서 집합으로 전환으로 인하여 서울특별시 송파구 마천동 ○○○-20 의 1필지에서 이기 도면편철장 제4책 87장

(대지권의 목적인 토지의 표시)

표시번호	소 재 지 번	지 목	면 적	등기원인 및 기타사항
1	1. 서울특별시 송파구 마천동 ○○○-20 2. 서울특별시 송파구 마천동 ○○○-27	대 대	156㎡ 1㎡	2004년6월22일

【 표 제 부 】 (전유부분의 건물의 표시)

표시번호	접 수	건물번호	건 물 내 역	등기원인 및 기타사항
1	2004년6월22일	제2층 제202호	철근콘크리트조 38.06㎡	일반에서 집합으로 전환으로 인하여 서울특별시 송파구 마천동 ○○○-20 의 1필지에서 이기 도면편철장 제4책 87장

분리 사실이 등기부등본에 표시되지 않은 예

등기부 등본 (말소사항 포함) - 집합건물

[집합건물] 서울특별시 용산구 동방고동 ○○○-1 제2층 제202호

고유번호 1142-1996-009596

【 표 제 부 】 (1동의 건물의 표시)

표시번호	접 수	소재지번, 건물명칭 및 번호	건 물 내 역	등기원인 및 기타사항
1 (전 1)	2000년7월4일	서울특별시 용산구 동방고동 ○○○-1	철근콘크리트조 철슬라브지붕 3층 다세대주택(15세대) 1층 107.91㎡ 2층 107.91㎡ 3층 95.31㎡ 옥탑(15.12㎡)	도면편철장 1책289장 부동산등기법 제177조의 6 제1항의 규정에 의하여 2001년 04월 10일 전산이기

(대지권의 목적인 토지의 표시)

표시번호	소 재 지 번	지 목	면 적	등기원인 및 기타사항
1 (전 1)	1. 서울특별시 용산구 동방고동 ○○○-1	대	264㎡	2000년7월4일 부동산등기법 제177조의 6 제1항의 규정에 의하여 2001년 04월 10일 전산이기

1/3

같은 물건 건축물대장에는 다세대로 전환되었다고 표시됨

3

나대지 소유자는 아파트를 못 받는다?

'재개발' 하면 주택 소유자만 분양 자격이 있는 것으로 생각하기 쉬운데, 나대지의 경우도 90㎡ 이상이면 주택 소유 여부와 관계없이 분양 자격이 주어진다. 기본 계획 수립일 이전부터 공유의 형태도 주어지며 공유 지분을 승계한 사람에게도 역시 주어진다.

여기서 주의할 점은 만일 지분 크기가 30㎡ 미만이면 설사 무주택자라 해도 분양 자격이 주어지지 않으며, 무주택자가 30㎡ 이상 90㎡ 미만의 토지를 갖고 있을 경우, 현황이 도로이면서 사실상 도로가 아닌 경우만 분양 자격이 주어진다. 무주택자로서 사업 시행 인가 고시일 이후부터 공사 완료 공고일까지 주택을 소유하지 않아야 분양 자격이 주어진다는 것이다.

이렇게 나대지에 적용되는 비교적 까다로운 분양 자격 때문에, 공부를 깊게 안 하신 분들이 재개발 분양 자격 자체를 혼동하는 경우를 많이 보아왔다. 현재 30㎡, 90㎡는 도정법의 기준이고 도시재개발법으로 시행될 때는 20㎡, 70㎡이다. 그래서인지 주택을 사더라도 대지 지분이 19.8㎡ 미만이면 아파트를 받지 못하는 줄 알고 계시는 분들도 많다. 사실상 재개발 시장에는 나대지나 도로 지분 매물이 많지 않으며, 설사 권한다 해도 보통 사람들은 사지 않는다.

여기서 재개발 분양 대상을 간단한 표로 정리해보겠다.

재개발 분양 자격

구분		분양 자격	비고
주택만을 소유한 경우	유허가	평수에 상관없이 자격 있음	
	무허가	기존 무허가일 경우 평수에 무관하게 자격 있음	
토지만을 소유한 경우 (나대지)	30㎡ 미만	현금 청산	**단독필지여야 하며 지목이 도로이면서 현황이 도로이면 자격 없음**
	30㎡ 이상 90㎡ 미만	무주택자에 한함	
	90㎡ 이상	무주택/유주택 상관없이 분양 자격 있음	기본 계획 수립일 이전인 경우 공유의 형태도 분양 자격 있음
건물, 토지 모두 소유한 경우		평수에 상관없이 분양 자격 있음	
다세대를 소유한 경우	최초 다세대	평수에 상관없이 분양 자격 있음	
	조례 시행일 이전 다가구에서 다세대로 분할	조례 시행일 이전 분할 다세대는 조합정관에 따라 79.2㎡이하 또는 임대아파트 분양 자격 있음	전용면적 60㎡ 이상일 경우 전용면적 60㎡ 이상 아파트를 분양받을 수 있음
	조례 시행일 이후 분리다세대	종전 다가구로 취급하여 1세대만 분양 자격 있음	

이 정도 내용만 숙지하고 있으면 지분 19.8㎡ 미만 주택이든, 나대지든, 도로든 매수에 고민할 일은 없어질 것이다.

주택재개발 사업의 분양 대상(서울시 조례 제24조)

① 영 제52조 제1항 제3호의 규정에 의하여 주택재개발사업으로 건립되는 공동주택의 분양대상자는 관리처분계획기준일 현재 다음 각 호의 1에 해당하는 토지 등 소유자로 한다.

1. 종전의 건축물 중 주택(기존 무허가 건축물 및 사실상 주거용으로 사용되고 있는 건축물을 포함한다)을 소유한 자
2. 분양신청자가 소유하고 있는 종전 토지의 총 면적이 〈서울특별시 건축조례〉(이하 '건축조례'라 한다) 제25조 제1호의 규모 이상인 자. 다만, 2003년 12월 30일 전에 분할된 1필지의 토지로서 그 면적이 30㎡ 이상인 토지(지목이 도로이며 도로로 이용되고 있는 토지를 제외한다)의 소유자는 법 제28조 규정에 의한 사업시행인가고시일 이후부터 법 제52조 제3항의 규정에 의한 공사완료고시일까지 분양신청자를 포함한 세대원(세대주 및 세대주와 동일한 세대별 주민등록표상에 등재되어 있지 아니한 세대주의 배우자 및 배우자와 동일한 세대를 이루고 있는 세대원을 포함한다) 전원이 주택을 소유하고 있지 아니한 경우에 한하여 분양대상자로 한다(개정 2006. 01. 01).
3. 분양신청자가 소유하고 있는 권리가액이 분양용 최소규모 공동주택 1가구의 추산액 이상인 자
4. 사업시행방식전환의 경우에는 전환되기 전의 사업방식에 의하여 환지를 지정받은 자. 이 경우 제1호 내지 제3호의 규정은 적용하지 아니할 수 있다.

② 다음 각 호의 1에 해당하는 경우에는 수인의 분양신청자를 1인의 분양대상자로 본다.
   1. 단독주택 또는 다가구주택이 건축물준공 이후 다세대주택으로 전환된 경우
   2. 관리처분계획기준일 현재 수인의 분양 신청자가 하나의 세대인 경우. 이 경우 세대주와 동일한 세대별 주민등록표상에 등재되어 있지 아니한 세대주의 배우자 및 배우자와 동일한 세대를 이루고 있는 세대원을 포함한다.
   3. 하나의 주택 또는 한 필지의 토지를 수인이 소유하고 있는 경우. 다만 2003년 12월 30일 전부터 공유지분으로 소유한 토지의 지분면적이 건축조례 제25조 제1호의 규정에 의한 규모 이상인 자는 그러하지 아니하다(개정 2006. 01. 01).
   4. 2003년 12월 30일 이후 한 필지의 토지를 수개의 필지로 분할한 경우(개정 2006. 01. 01).
   5. 하나의 대지 범위 안에 속하는 동일인 소유의 토지와 주택을 건축물 준공 이후 토지와 주택으로 각각 분리하여 소유한 경우. 다만, 2003년 12월 30일 전에 토지와 주택으로 각각 분리하여 소유한 경우로서 토지의 규모가 건축조례 제25조 제1호의 규정에 의한 규모 이상인 경우에는 그러하지 아니하다(개정 2006. 01. 01).

③ 제1항 제2호 규정의 종전 토지의 총 면적 및 제1항 제3호 규정의 권리가액을 산정함에 있어 다음 각 호의 1에 해당 하는 토지는 포함하지 아니한다(개정 2005. 03. 17).
   1. 〈건축법〉 제2조 제1항 제1호의 규정에 의한 하나의 대지 범위 안에 속하는 토지가 여러 필지인 경우 2003년 12월 30일 이후에 그 토지의 일부를 취득하였거나 공유지분으로 취득한 토지(개정 2006. 01. 01).
   2. 하나의 건축물이 하나의 대지범위 안에 속하는 토지를 점유하고 있는 경

우로서 2003년 12월 30일 이후 그 건축물과 분리하여 취득한 토지(개정 2006. 01. 01).

3. 1필지의 토지를 2003년 12월 30일 이후 분할 취득하거나 공유지분으로 취득한 토지(개정 2006. 01. 01).

④ 제1항 내지 제3항의 규정에 불구하고 사업시행방식전환의 경우에는 환지면적의 크기, 공동환지 여부에 관계없이 환지를 지정받은 자 전부를 각각 분양대상자로 할 수 있다.

4

무허가 건물이라면

서울권역의 경우 이제 개발 이전의 난곡, 상계동의 경우처럼 무허가 주택이 난립한 달동네는 거의 없어졌다. 따라서 무허가 주택이라는 것도 흔치 않은 케이스이긴 하지만 엄연히 투자 대상으로 거래되고 있으므로 짚고 넘어가고자 한다.

무허가 건물은 '기존 무허가 건물'과 '신발생 무허가 건물'로 나뉜다. 이중 재개발 시 조합원 자격을 취득할 수 있는 권리는 당연히 '기존 무허가 건물'에만 있다. 둘 다 허가받지 않고 맘대로 지은 것 같긴 한데 어떤 차이가 있을까?

서울시 조례 제2조 1항에는 '▶1981년 12월 31일 현재 무허가 건축대장에 등재된 건물 ▶1981년 2차 촬영항공사진에 수록되어 있는 무허가 건축물 ▶재산세 납부 등으로 공부상 1981년 12월 31일 이전에 존립하였다는 확증 있는 무허가 건물 ▶1982년 4월 8일 이전에 사실상 건립된 연면적 85㎡ 이하의 주거용 건물로서 1982년 제1차 촬영항공사진에 수록되어 있거나 또는 재산세 납부 등 공부상 1982년 4월 8일 이전에 건립하였다는 확증이 있는 무허가 건물'로 명기되어 있다.

복잡하게 옮겼지만, 위의 사항은 건물 소재지 해당 구청에서 간단히 확인할 수 있는 부분이다. 무허가 건축물관리대장을 확인하거나 항측판독의뢰서 신청을 하고 구청 세무과에서 확인할 수 있다. 해보지 않아서 어렵고 복잡하게 느껴지는 것뿐이지 일반 등기부등본 열람과 똑같은 수준이다.

이렇게 해서 기존 무허가 건물인지 확인하고, 무허가가 맞다면 그간 소유자가 토지 사용료를 제대로 내왔는지 살펴본다. 만일 연체한 적이 있다면 사용료 미납액은 매매 대금에서 공제, 혹은 정산한다는 특약을 붙여 계약서를 쓰면 된다.

또 한 가지, 무허가 건축물대장에 적혀 있는 면적은 실측 면적과 차이가 나는 경우가 많다. 무허가 건물 투자의 경우 점유 면적당 프리미엄을 주고 사는 것인데, 예를 들어 불하대금을 안는 조건으로 3.3㎡당 700만 원씩 주고 33㎡를 샀다고 가정하자. 실측을 했더니 실제로는 66㎡이라면 33㎡는 거저 생긴 것이나 다름없다. 나중에 66㎡를 불하받고 관리처분 때 66㎡ 전체가 개인 소유의

땅으로 평가 금액을 받게 되므로 권리가액이 많아질 수가 있는 것이다.

　대부분의 소유자가 세금을 적게 내기 위해서 실제 면적보다 축소해서 신고하는 경우가 많지만 반대의 경우도 있을 수 있으니 계약 전 실측을 해보는 것이 정확하다.

　무허가 건물이라 해도 명백하게 분양 대상에 해당되는데, 무허가라는 인식 때문에 매수를 회피하는 사람들이 있어 가격이 낮게 형성된 지역이 아직도 많이 있다. 결국 관리처분이 난 뒤에야 물건 값은 제값을 찾아간다. 그럼 재개발 지역 투자가 요즘처럼 과열돼 있을 때 남들이 기피하는 물건에 주목하여 투자에 성공한 사례를 살펴보자.

　어느 날 사모님 두 분이 재개발 지역 투자를 하겠다고 찾아왔다. 두 분 다 1억 원 미만의 소액 투자여서 초기 자금이 크게 부족한 상황이었다. 그래서 필자는 서대문구에 자리한 무허가 건물을 권했는데, 곧 엄청난 반발에 부딪쳤다. 그중 한 분이 중개업소를 여러 곳 방문한 탓인지 알고 있는 정책이 뒤죽박죽된 상태였던 것이다. 차라리 재개발 지역에 대해 체계적인 공부가 되어 있었다면 대화라도 통했을 것을, 단편적인 예전 지식이나 맞지 않는 정보를 갖고 우기는 데는 이길 장사가 없었다.

　이 사모님은 무허가 건물이라는 말에 본인 땅도 아니고 남의 땅에 집 짓고 사는데 어떻게 아파트를 주느냐면서, 최소한 대지 지분 20㎡(약 6평) 이상이어야 한다는 주장이었다.

　짐작컨대 전의 도시재개발법으로 재개발 사업이 진행될 때, 나대지 소유자의 경우 무주택자에 한해 최소한 20㎡ 이상의 토지를 소유해야 분양 대상이 된다는 이론을 말씀하시는 듯한데, 서울시 조례를 펴놓고 아무리 조목조목 설명을 해도 마이동풍이었다. 처음에는 '몹쓸 물건'을 권하는 거냐는 의심, 다음에는 조합원이 너무 많으면 청산 대상이 된다고 주장을 하시니, 설명을 이해하지 못하는 게 아니라 아예 이해를 하고 싶지 않은 눈치였다.

　다른 한 분의 사모님은 "사실 불안하긴 않지만 제 돈으로 그 물건밖에 투자할 수 없다면 당연히 고려해야지요" 하며 어느 정도 호감을 보였다. 그래서 무허가 건축물대장을 확인하고 8,500만 원에 계약을 해드렸다. 전세 1,500만 원이 들어 있어 실제 투자 금액은 7,000만 원이었다. 당시만 해도 그 지역에 투자하려면 최소한 1억 5,000만 원 정도는 있어야 가능했는데, 무허가 건물이기에 그 절반 정도에 조합원 자격을 취득할 수 있었던 것이다.

　재개발에서 평가 금액은 개발 이익을 반영하지 않고 공시지가에 준해 평가를 하고 비례율을 반영하여 권리가액을 산정한다(권리가액=평가금액×비례율). 따라서 본인이 매수한 금액과 평가 금액의 차이를 보통 조합원이 되는 프리미엄이라고 한다. 이 프리미엄이 반드시 아파트 프리미엄은 아니다. 왜냐하면 일반 분양분보다 조합원 분양 가격이 조금이라도 싸게 책정되는 것이 보통이기 때문이다.

  이 지역은 현재 관리처분 시점으로, 일반 분양이 많아 조합원은 분리다세대가 아닌 경우를 제외하고는 32평형 이상 배정이 가능하고, 32평형의 조합원 프리미엄은 1억 5,000만 원 정도 된다. 그래서 무허가 건물을 산 분은 투자 기간 2년 만에 2배 정도 수익을 본 셈이 되었다.

5

어떤 지역의 어떤 매물을
얼마에 사야 하나

    결론부터 말해 재개발 지역의 투자는 관리처분 인가가 나기 전에는 섣불리 가치나 가격을 판단하는 것은 금물이고, 혹 누가 판단한다 해도 신뢰할 수 없다는 게 정답이다. 감정평가 업무조차 감정평가사 2인 이상이 감정하여 산술평균한 값으로 조합원 권리가액을 산정하는 마당에, 일반인이 어떻게 감히 가격을 정할 수 있을까? 최소한 사업시행 인가와 관리처분 인가 계획이 나와야 대략 짐작할 수 있는 것이지, 그 전에 구역 지정 정도만 가지고는 적정시세를 판단하기가 쉽지 않다.

    그렇다면 '매수하기에 적당한 가격'은 어떻게 판단할까? 밭품을 팔아서 매물을 여러 개 수집한 뒤 16~20㎡, 20~26㎡, 26~33

㎡, 33~40㎡의 가격들을 조사하여 산술평균한 가격의 물건이 적정한 시장가격인 것으로 통용되고 있다. 아닌 말로 땅값은 '부르는 게 값'이다.

그러나 확실한 것은 가치와 시세는 다르다는 것이다. 재개발 시장은 아직도 가치에 비해 가격이 많이 올라 있지는 않기에, 과도하게 비싸게 사지 않는다면 시간이 해결해줄 수 있는 정도의 시세밖에 형성이 되어 있지 않은 곳이 대부분이다. 오르는 시장에서는 내가 사는 물건이 지금까지 거래된 중 가장 비싼 가격이라고 생각하면 마음이 편할 것이다. 왜냐하면 내일부터는 내가 산 매물이 가장 싼 가격이 될 것이므로.

오늘 어떤 지역에 물건을 보러 가서 1년 전의 가격으로 사고 싶어하는 심보를 버려야만 투자를 할 수 있다. 이는 굳이 부동산만이 아닌 투자 전반에 통용되는 진리이다. 누구나 대형 할인매장에서 카트에 물건을 담고 줄을 서본 경험이 있을 것이다. 기다리다 보면 내 줄이 유독 계산이 느린 것 같고 줄을 잘못 선 것 같지만, 결국 어느 줄에 섰든 계산대의 속도는 비슷한 걸 알 수 있다. 이는 고속도로 톨게이트도 마찬가지다. 서로 눈치를 보면서 빠져나가기에 어느 줄이랄 것 없이 비슷한 속도로 줄어드는 이치이다. 이런 자연스러운 가격 형성과 질서를 지켜보며 필자는 아담 스미스의 '보이지 않는 손' 경제 논리가 이런 게 아닐까 하는 생각을 가끔 한다.

이런 와중에 형성된 시장가격을 무시하고 1년 전 가격을 고집하는 것은 새치기를 해서 빨리 빠져나가겠다는 심보와도 같다. 시장가격을 믿어라. 긴 줄(조금 비싼 가격)에 서 있는 것 같아도 어느덧 나중에 사고자 하는 사람들이 내 뒤에 서 있는 것이 지금 재개발 시장의 현실이다.

6

존치지역에 투자해도 괜찮을까

　장충동, 신당동 등 재개발 예정 지역을 답사해보면 재벌급이 살 법한 으리으리한 단독주택을 비롯하여 담을 돌아가는 데만도 한참 걸리는 고급 빌라촌을 만날 수 있다. 지분 쪼개기가 극성을 부리면서 블록 하나가 죄다 신축 빌라인 경우도 있다. 재개발 사업에 문외한이라도 나름 깔끔해 보이는 이런 곳들도 과연 함께 묶여서 아파트로 바뀔까 하는 의문을 가진 사람이 적지 않을 것이다. 실제로 인근 부동산 중개업소에서는 이들 지역이 '존치지역'이 될 가능성이 높다고 보고 있다.

　존치지역이란 '재정비촉진지구 안에서 재정비촉진사업의 필요성이 적어 재정비촉진계획에 따라 존치하는 지역'을 말한다. 존치

지역은 필요한 경우 시간 경과 등 여건 변화에 따라 구역 지정 요건에 해당할 수 있고, 사업촉진 필요성이 강한 구역은 존치정비구역으로, 기존의 시가지로 유지 관리할 필요가 있는 구역은 존치관리구역으로 세분하여 지정할 수 있다.

존치정비구역으로 지정된다 해도 재개발 대기 중이나 다름없으니 주변이 바뀌면서 함께 어떻게 되지 않을까 하는 기대들을 많이 한다. 일명 복불복이다.

실제 개발된다고 소문난 곳에 가보면 라인 안에 예쁘게 자리 잡은 '확실한 물건'은 실종되고 아쉽게 비껴나거나 존치 예정인 물건들만 간간히 나온다. 부동산 중개업소도 "묻어두면 언젠가는 빛 볼 것"이라며 그런 물건을 권한다. 하지만 전문 투자자들은 실투자 금액만 적다면(전세 끼고 융자 안고) 오히려 이런 물건을 더 선호하기도 한다.

그런데 낡은 집에서 어느 정도 불편을 감수할망정 가급적 빨리 새 아파트로 입주하고 싶다면 이런 물건은 피해야 마땅하다. 존치관리구역으로 지정되면 개발이 언제 될지 미지수이며 재수가 없으면(?) 아주 오랜 시간을 기다려야 하는 경우도 있기 때문이다. 구역 지정이 되어도 막상 사업시행 시기를 5년, 10년 보는 판에 존치지역으로 지정된다면 그 이상 기다릴 가능성이 높다.

이렇게 뉴타운지구 또는 재정비촉진지구로 지정이 되더라도 대강의 구역을 정하거나 도로여건 등을 감안하여 기본 계획 수립이 될 시 존치지역이 될 가망성이 없는 곳을 택하는 것이 투자의 정석이다. 존치 가능성이 높되 상대적으로 좀 저렴하게 나온 금액을 택한다면 역으로 내가 어느 정도 기다릴 각오가 되어 있는지 자문해봐야 할 것이다.

다시 말해 예정 지역에서 매수 대상이 아주 낡은 집들 사이의 새 물건인 경우는 괜찮으나, 새 물건들만 있는 곳의 낡은 물건이나 새 물건들 틈의 새 물건은 재고를 해보는 게 좋다는 뜻이다.

7

지분 합치기는 32평형을 노려라

최근 재개발 지역에서는 지분 합치기 작업이 한창이다. 독자들은 지분 쪼개기라는 말은 들어봤어도 지분 합치기는 또 뭔지 의아한 생각이 들 것이다.

이는 지분 2개 이상을 합쳐 전용 60㎡를 넘는 경우 권리가액에 따라 전용 85㎡ 초과 중대형을 분양받을 수 있도록 조례를 통해 공식 허용된 데 따른 것이다. 조합원수와 다가구에서 다세대로 분할한 지분이 많아 사업이 지지부진한 금호동, 옥수동, 한남 뉴타운 때문에 생겼다 해도 과언이 아니다. 도시재개발법으로 개발을 추진하던 곳은 조합원수에 대한 법률적 제도가 완벽하지 않아 이렇게 쪼갠 지분이 많다.

그러나 2003년 도정법 시행 이후에 재개발이 진행된 곳은 분할 지분이 거의 없기 때문에 조합원수를 고려하여 애초에 다세대, 일명 원다세대라면 지분이 작아도 32평형을 배정받을 확률이 매우 높다. 그렇다면 왜 다들 32평형에 목을 맬까?

32평형의 인기는 일단 수치적으로 증명된다. 서울시 동작구에 자리한 S아파트의 전셋값 동향을 보면 24평형은 1억 8,000만 원, 32평형은 2억 5,000만 원, 42평형은 2억7,000만 원이다. ㎡당 전세 가격을 산출해보면 대략적으로 24평형이 750만 원, 32평형이 781만 원, 42평형이 643만 원인 셈이다. 이는 32평형을 원하는 수요자가 가장 많다는 방증이다. 편한 대로 동작구의 예를 들었지만 서울 지역 어느 구를 가나 대동소이하다. 마찬가지로 소유 및 매매에서도 32평형의 인기가 가장 높다.

24평형의 경우 신혼이거나 아이가 아직 어린, 결혼한 지 얼마 안 되는 사람들이 수요층의 대부분을 차지한다. 주택 또는 아파트를 최초로 구입하는 사람들이 대부분이다. 이야기가 잠시 비껴가지만 강남 도곡동의 26평형 아파트 매매가가 9억 원을 넘는다는 것은, 26평형 수요자들의 특성과 지불 능력을 감안할 때 현재의 가치를 떠나서 거래되기 힘든 가격이라고 본다.

32평형의 경우는 최초 구입자도 있고 24평에서 평형을 늘려가는 사람도 있을 것이고, 종부세가 무섭거나 자녀를 출가시키고 집을 줄이는, 지불 능력 있는 노부부도 꽤 선호하는 평수이다. 이렇게 수요층이 가장 두텁기 때문에 상승기 아닌 보합세 시장에서도 32평형 매물은 현금과 같다고 볼 수 있다.

　재개발에 투자한다고 해도 꼭 입주까지 가야 하는 것은 아니다. 추가부담금을 감안하면 투자자 모두가 입주를 할 수 있는 것도 아니다. 초기투자금은 어찌어찌 마련해 조합원이 되었는데, 조합원 분양가만 해도 몇 억 원의 추가 비용이 들어간다. 자금 문제 등 여타 사정으로 어느 정도 수익이 나면 빠져나오겠다는 생각을 하고 있는 투자자도 있을 것이다. 그런 투자자일수록 32평형을 갈 수 있는 매물을 집중 분석하여 투자하길 바란다.

　재개발 초기 시장, 즉 이제 막 추진하는 단계에서는 어떤 물건을 사면 무조건 대형 평수를 받을 수 있다고 장담하기가 어렵다. 권리가액이 정해지고 조합원 순위가 결정되지 않은 단계에서는 무슨 말에도 혹할 필요가 없다. 그래서 가장 많은 수의 평형이 형성돼 있는 32평형대의 물건을 사서 탄력성을 확보하는 것이 안정적이다.

8

꺼림칙한 물건이 수익을 가져다준다

　주식이든 부동산이든 투자에 있어서는 남들보다 얼마나 빨리 고급 정보를 얻어 그 물건을 먼저 선점하느냐 또는 투자에 상존한 위험률을 얼마나 감수하느냐가 투자 수익률을 높게 거둘 수 있는지 없는지의 기준이 된다. 그러나 '위험률'의 측면에서 간과하지 말아야 할 것이 또 하나 있다. 바로 사회적인 시장의 변화가 아니라 법률적 위험이다. 왜냐하면 이 문제는 얼마든지 지식으로 해소할 수 있기 때문이다.

　예전의 부동산 경매 시장을 예로 들어보자. 이전에는 경매가 막연하게 어려울 거라 생각하는 두려움, 남의 눈에 눈물 빼는 행위라는 부정적 인식으로 일반인들의 참여가 저조했다. 그러나 차츰 경매와 관련된 등기법, 민법 등을 공부한 수많은 공인중개사들이 배출되고 일반인을 위한 경매 교육기관, 정보 공개 기관이 많이 생기면서 경매 인구가 급속도로 늘어났다. 알고 보니 경매란 게 그렇게 어려운 것도 아니고 한정된 이들만 알던 고급 정보라는 것도 차츰 유명무실해져가고 있는 것이다. 덕분에 경매로 '먹고살던' 전업 투자자들이나 실매수자들의 수익률이 점점 떨어지고 속칭 '재미'가 없어진 것이 현재의 경매 시장이다.

지금 경매 시장에서 크게 돈이 되는 물건은 권리 분석이 까다로운 물건이다. 남들보다 한층 더 분석하고 힘들게 사실 관계를 확인하고 문제를 해결해야 하는 물건이 대박을 안겨주는 물건이다. 그리고 현재의 재개발 시장은 경매 시장과 무척 비슷하다고 할 수 있다. 꺼림칙한 물건이 돈이 되는 것이다.

물론 경매 물건의 권리 분석처럼 까다롭거나 어려운 물건은 아니다. 다만 내가 그런 곳에 살아보지 않았고 내 주변에 그런 곳에 사는 사람이 없기에 생소할 뿐이지 어렵거나 어려운 물건은 아니니 안심하기 바란다.

일단 이런 물건은 실수요자들에게 잘 소개되지 않는다는 특징이 있다. 부동산은 주식처럼 몇 천 원, 몇 만 원에 살 수 있는 것이 아니라 큰돈이 들어가는 상품이다. 손님 입장에서는 찝찝하면 안 살 뿐만 아니라 소개자가 사기꾼일지도 모른다는 의심부터 갖는 것이 인지상정이기 때문에, 공인중개사들도 일반 손님에게는 잘 권하지 않는다. 수요자가 원빌라 등 비싸도 많이 들어본 물건을 선호하는데 굳이 처음부터 가르치면서 공부시킨 후에 계약까지 연결할 까닭이 있겠는가.

기피 물건이기에 더 가치가 있고 손을 안 탔기에 더욱 돈 되는 물건에는 어떤 것들이 있을까? 사실 이런 물건들이 분양 대상인지 아닌지조차 모르는 공인중개사가 시장에는 대다수이다(서울시 조례나 기타 수도권 조례가 공인중개사 시험 범위에 속하지 않기에 모를 수도 있겠다는 생각도 든다).

① 명칭이 무허가라서 위험해 보이는 무허가 건축물

무허가 건물에 대해서는 앞에서도 언급했지만 절대 피할 이유가 없다.

무허가 건물의 첫째 장점은 소액 투자가 가능하다는 점이다. 토지 가격은 나중에 본인이 국가나 지자체에서 불하를 받고 안 받고에 달려 있으니, 현재 형성된 예상되는 조합원의 권리가액과 매수 금액의 차이만을 주고 산다는 의미이다. 즉 조합원이 되는 프리미엄만 사는 것이라 생각하면 된다.

일반 건물은 권리가액 및 조합원의 자격이 되는 프리미엄, 즉 개발이 되었을 시 발생할 수 있는 프리미엄을 한꺼번에 주고 사는 것이지만, 무허가 건물은 물건 값은 빼고 권리만 사는 것이다. 그야말로 권리만 사는 것이기에 소액투자가 가능한 것이다.

물론 이런 투자를 하는 이유는 재개발 시 분양 대상에 속한다는 전제 하에 하는 것인데, 확인 절차도 매우 간단하다. 현재 무허가 건축물 소유자의 인적사항 또는 건물 번호만 알면 간단히 무허가 건축물대장에 등재되었는지 여부를 알 수 있고, 사실상 주거용으로 사용하고 있는지만 보면 된다.

무허가 건물의 두 번째 장점은 청약가점제 하에서 불이익을 당할 위험이 없다는 점이다. 예를 들어 기존 1주택자가 무허가 건물을 취득하면 이 역시 주택 수에 포함되어 기존 주택이나 무허가 건물을 매도할 때 현행법상 양도소득세 중과 대상이다. 그러나 기존 주택을 사고 싶은데 혹시 청약에 불이익이 있을까 봐 선뜻 매수하지 못하는 내집 마련 수요자라면 꼭 도전해보라고 권하고 싶은 물건이다. 왜냐하면 양도세 중과는 소득세법상의 문제이지 주택 청약에 있어서는 주택 수에 포함되지 않기 때문에 가점에 아무런 영향을 미치지 않기 때문이다.

새 집 마련의 꿈이 분당에서 동탄으로, 일산에서 파주로 점점 멀어져가고 있는데 여전히 청약에만 목을 매는 것보다는, 일단 서울 지역 또는 수도권 핵심 지역에 소액 투자로 당첨과 로열층을 미리 선점해놓고 꿈의 절반을 실현하기를 권한다.

② 등기부에도 없고 건축물대장에도 없는 이름, 협동주택

협동주택은 박정희 대통령 시절에 제정되었던 자력재개발 방식으로 개발되어 한시적으로 나타났던 주택의 한 종류이다. 도로를 관에서 내주고 그 지역 주택 소유자들이 개별적으로 주택을 개량하다 보니, 새로운 필지들이 생기면서 어떤 주택은 도로로 편입되고, 두 집 이상이 모여 하나의 집합건물 형태로 지어졌던 주택들이다.

협동주택은 다가구주택의 개념이 도입되기 전에 건립되었던 것이라 협동주택 분양 대상의 결정 여부는 최초 건축 허가를 몇 세대로 받았는지가 중요하다. 이유는 예전에 건축 허가는 4세대로 받아놓고 독립된 가구 수는 그보다 많은 경우도 왕왕 있기 때문이다. 그런 경우에는 최초 건축 허가 수만큼만 분양 대상이 되므로 잘 살펴야 한다.

그런데 특이한 것은 분명 집합건물인데 건축물대장을 떼어보면 각 층이 구분되어 있는 게 아니라 전체 층에 지분 형식으로 각각 갖고 있는 경우가 보인다. 예를 들어 같은 번지에 101호, 201호 하는 식으로 호수가 구분돼 있는 게 아니라 집합건축물대장이 '가 호', '나 호' 식으로 전체 면적을 공유하고 있는데 4세대로 표기가 되는 것이다.

이런 물건들은 대부분의 부동산들도 긴가민가하고 소비자들도 의심을 많이 하는 물건이기 때문에, 건축물대장 및 등기부를 꼼꼼히 짚고 넘어간다면 여타 물건들보다 20% 이상 싼 가격에 분양 대상이 되는 물건을 잡을 수 있다.

③ 다가구주택 경과 조치에 의해 구분 등기된 다가구주택

공유자 수인의 분양신청자를 1인으로 보는 서울시 조례에 단독주택 또는 다가구주택이 건축물 준공 이후 다세대주택으로 전환된 경우, 여러 명으로 소유권이 나눠져 있어도 아파트는 한 채만 주는 것으로 되어 있다. 그러나 이 조항에서 예외인 다가구주택이 있다.

제7조 다가구주택의 분양 기준에 관한 경과 조치

1997년 1월 15일 이전에 가구별로 지분 또는 구분 소유 등기를 필한 다가구주택(1990년 4월21일 다가구주택제도 도입 이전에 단독주택으로 건축 허가를 받아 지분 또는 구분등기를 필한 사실상의 다가구주택을 포함한다)은 제24조 제2항 제3호의 규정에 불구하고 다가구주택으로 건축허가 받은 가구 수에 한하여 가구별 각각 1인을 분양대상자로 한다(개정 2005. 11. 10).

법 내용을 꼼꼼히 살펴보면 '가구별로'라는 말이 있다. 이 말은 이미 가구별로 독립된 생활의 형태가 가능해야 한다는 것을 의미하고, 건축 허가는 1가구가 아닌 여러 가구로 받았다는 확증이 건축물대장이나 등기부에 나와 있어야 한다는 뜻이다. 이는 다가구주택 도입 이전에 어쩔 수 없이 단독주택으로 허가를 받은 경우이기에 구분등기를 해도 되고 지분으로 등기를 해도 분양 대상이 된다.

이렇듯 다가구주택의 경과 조치로 인한 예외에 해당되는 물건을 찾아 분석을 해보면 아직도 괜찮은 물건들이 많이 있음을 알 수 있다. 지분 등기로 된 물건들은 분명히 조합원 및 분양 대상이 되는 물건인데도 일반인들이 회피해 가격이 저평가되어 있는 경우가 많다. 이는 순전히 법률적인 지식이 없어서 그런 것이다. 공인중개사 입장에서도 괜히 설명해봤자 오해나 받고 본전도 못 찾을 것 같아 일반인에게 공개를 안 하는 경우가 태반이다.

이런 물건들도 관리처분 후에 일반 물건과 다를 바 없이 분양 대상 및 권리가액 등이 나오므로 안전성을 띄게 된다. 그러면 일반인들은 그제야 안심하고 산다. 관리처분 때는 어떤 물건도 제값을 다 찾아가기 때문에, 그 시점에서 가장 가격이 많이 뛰는 물건이 이런 경우이다.

즉, 투자자 입장에선 사업시행 인가를 받고 최소한 관리처분 계획이 잡히기 전에 물건을 매수하거나 좀더 빠른 단계에서 일반인들의 지식 부족으로 본의 아니게 저평가돼 있는 물건을 찾는다면, 적은 실탄으로 높은 수익률을 거둘 수 있을 것이라 확신한다. 이런 물건을 집중 공략해보자.

9

기다림의 과정을 즐겨라

 남자는 '도로 위의 동물'이라고 했던가? 특히 장거리를 갈 때 누구에게나 옆 차들과 보이지 않는 레이싱을 벌인 경험들이 있을 것이다. 이리저리 왔다갔다 서로 추월을 하기도 하고 옆 차를 제치려고 규정 속도 이상의 속력을 내기도 한다. 그런데 신경 곤두세우고 운전하느라 허리만 아플 뿐이지 희한하게도 결국은 그 차들과 톨게이트에서 거의 다 만난다.

 투자도 마찬가지이다. 조급하게 이리저리 움직이며 물건을 갈아타봤자 성공은커녕 거래 비용만 축내는 경우가 많다. 특히 재개발은 느긋하게 기다리다가 목표 수익률이나 한계이익에 도달했을 때 매도하는 것이 성공 투자의 비결이다. 물론 충분히 기다릴 수 있는 여유 자금으로 투자했을 경우에 해당되겠지만 말이다.

부동산은 금리처럼 꾸준히 오르는 상품이 아니기 때문에 호재를 기다리는 것이 무척 중요하다. 재개발 사업 진행 절차를 보면 최초에 기본 계획이 나오고 두 번째로 구역 지정, 조합설립 인가, 사업시행 인가, 관리처분, 이주 및 철거 단계로 이어진다. 사실상 관리처분이 되면 분양권 상태로 바뀌게 되고 이런 단계들을 거치면서 시세가 오른다.

그런데 이 단계들이 때로는 신속하게, 때로는 지지부진하게 진행되다 보니 어떤 단계로 넘어가기를 기다리다가 참지 못하고 손절매를 하는 경우가 많다. 투자 실패 유형을 보면 앞서도 언급한 필자의 지인처럼 물건을 사놓고 하루가 멀다 하고 가격 변동을 묻고 언제 팔아야 하는지, 여기보다 다른 지역이 더 좋지는 않은지 중개사를 볶아대는 분들이 대부분이다. 이런 분들이 나중에는 그야말로 스스로 털 다 뽑히고 '날 잡아드슈' 하고 돌아다니는 통닭의 신세가 된다.

사업에 대한 확신 없이 언제 팔아야 할지 안달하는 사람은 안 오른다는 한마디에 매물을 쉽게 던져버릴 수 있는 사람이다. 그걸 들키면 당연히 그 물건은 팔기 쉬운 물건이고 가격 협상이 절대적으로 쉬운 물건이 된다. 부동산에서 한두 번은 친절하게 설명을 하겠지만, 성질 고약한 중개사라면 괴롭힘이 귀찮아서라도 매도 알선을 해버리지 않겠는가? 심리적으로 불안정하거나 귀가 얇거나 성격이 급한 사람이야말로 가격 내려쳐서 팔게 하기에 제격이기 때문이다.

이렇게 해서 물건을 던지고 나면 시장에 호재가 발표되어 가격이 또 오른다. 성질 급한 사람들은 놓아버린 물건을 아쉬워하지만 그 시장에서 다시 물건을 잡으려 애쓰지는 않는다. 본전 생각이 나서 아예 가격이 오르지 않은 곳을 찾아 헤매기 때문이다. 그리곤 영원히 오르지 않는 물건을 잡고선 또 골머리를 앓는다.

처음 놓아버린 것은 실수이고 수업료를 낸 셈 칠 수 있지만 두 번째는 만회하기 힘든 치명적인 실수라고 할 수 있다. 필자는 이런 경우를 정말 많이 보았다.

지피지기면 백전백승이라고 절대 약점이나 성향을 노출시켜서는 안 된다. 내 물건을 싸게 먹으려는 하이에나들이 도처에 득실거리기 때문이다. 성향이 노출된 매도자는 닳고 닳은 중개사에게 좋은 먹잇감밖에 되지 않는다.

따라서 어쩔 수 없이 물건을 매도하게 되더라도 절대 중개사와 매수인에게 급하다는 인상을 심어줘서는 안 된다. 이 점만 철저히 지켜도 최소한 몇 백만 원 정도는 이익을 볼 것이다. 특히 물건이 많지 않은 시장에서라면 말이다. 침착하게 시장을 지켜보고 내 물건이지만 남의 물건인 양 관조하는 여유로움이야말로 성공 투자자로 발돋음 할 수 있는 마인드이다.

현 시점에서 재개발 지역들의 가격 상승률을 감안하면, 과연 이 가격에 시간 비용, 가치에 대한 비용이 적절히 반영된 것인가 의심스러울 정도이다. 개발이 예정되어서 가격이 상승하는 게 아니라 이미 모든 지역의 가격이 상승해 있고 그중 어디가 개발되느냐 시합을 하는 것 같다는 느낌이 든다. 예전에는 개발 단계별로 가격도 계단식 상승을 해왔으나, 지금은 개발 확정과 동시에 사업 완료 시점에 형성될 가격까지 상승하는 것이 현실이다.

만일 입주까지 고려하지 않고 적당한 시기에 물건을 처분하려는 투자자라면, 개발 확정 또는 구역 지정 이후에 매도하는 것이 수익률로 따졌을 때 가장 현명한 방법이 아닐까 한다.

[재개발, 뉴타운 편]
오를 때와 떨어질 때 부동산 투자법

지은이 / 전은성
펴낸이 / 김경태
펴낸곳 / 한국경제신문 한경BP
등록 / 제 2-315(1967. 5. 15)
제1판 1쇄 인쇄 / 2008년 8월 29일
제1판 1쇄 발행 / 2008년 9월 5일
주소 / 서울특별시 중구 중림동 441
홈페이지 / http://www.hankyungbp.com
전자우편 / bp@hankyung.com
기획출판팀 / 3604-553~6
영업마케팅팀 / 3604-561~2, 595 FAX / 3604-599

ISBN 978-89-475-2632-6
값 13,800원

파본이나 잘못된 책은 바꿔 드립니다.

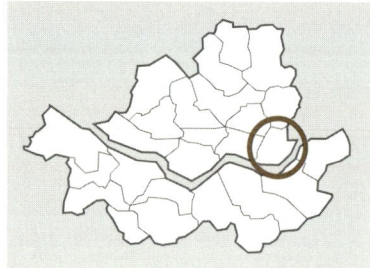
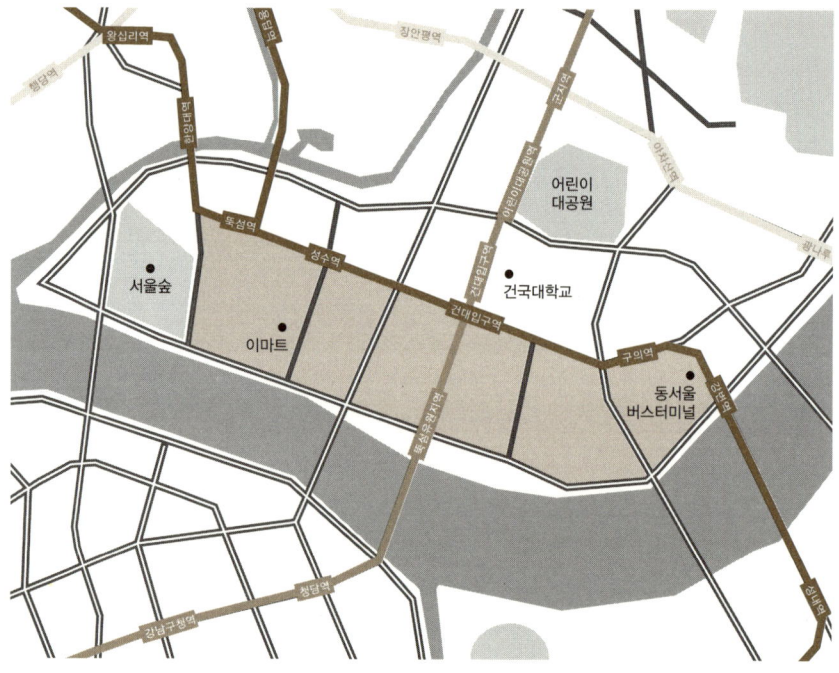

현재 성수동은 기본계획수립 중이다. 최근 서울시 조례 개정으로 준공업지역에도 아파트를 지을 수 있게 됨으로써 그간의 난항이 해소되어 개발에 가속도가 붙을 것으로 보인다. 물론 서울숲 건립 이후 가파른 가격 상승으로 서민 입장에서의 투자는 부담스럽긴 하지만, 앞으로 이 지역은 서울숲 상업용지 아파트 분양 및 힐스테이트를 선두로 최고의 주거지로 발돋움할 것이다.

또한 성수동 바로 옆 동네인 자양동은 구의자양균형발전촉진지구로 지정되어 개발 진행이 한창이다. 일부 한강 조망이 되는 쪽은 재건축 예정지로 검토 중이어서 신축제한 및 다세대로 전환을 금지하고 있는 지역들이 있다. 그 외 대부분의 지역은 별다른 계획이 잡혀 있지는 않지만, 한강 조망 및 한강공원 접근성 등의 장점이 있어 전형적인 주거지역으로 개발된다면 향후의 가치가 매우 밝다고 할 수 있다.

주요 조망 방향 시각통로, 보행자의 접근성, 문화예술공간의 배치 등 단지 배치에 관해서도 권고 기준이 마련되어 있으므로, 이러한 차별화된 신상품 아파트들에 대한 선호도 및 높은 프리미엄은 가히 짐작이 가고도 남을 것이다.

이런 측면에서 압구정동(압구정동의 경우 재건축이 아직 되지는 않았지만) 건너편 성수동이나 이미 사업 승인이 떨어져 입주 중이거나 공사 중인 잠실 주공 재건축보다는 다리 하나 차이인 강북의 자양동을 눈여겨보는 것은 어떨까? 이들 지역이 개발되었을 때 향후의 가치는 압구정동 및 잠실과 어깨를 나란히 할 것으로 기대된다.

한동안 아파트 값을 좌지우지한 '한강 조망'의 개념도 이제는 강 밖에서 강을 보는 조망이 아니라 강에서 밖을 바라보는 조망을 중시하는 쪽으로 변해가고 있다. 오세훈 시장 또한 한강 르네상스 사업을 통해 강변을 개발하겠다는 굳은 의지를 보여주고 있다. 그렇다면 앞으로 강 주변의 경관은 각종 수려한 디자인의 아파트들로 바뀌게 될 것이고 이런 개발에 의한 가치를 누리는 것은 극소수들의 특권이 될 것이므로, 일반인들은 감히 꿈도 꾸지 못할 가격이 형성될 것으로 예상된다.

따라서 한강변 투자는 미래의 프리미엄을 선점하기 위한 최소한의 노력이 아닐까 생각한다. 물론 이미 가격은 선뜻 투자하기가 망설여질 정도로 올랐지만, 아직 계획 발표나 개발 예정지로 정해지지 않았기에 현재의 가격이 상투라고 말할 수는 없다.

10

압구정동 위에 성수동, 잠실 위에 자양동

    서울시는 앞으로 성냥갑 아파트를 퇴출하고 디자인 및 에너지 효율이 우수한 아파트를 공급하기 위해 공급자 측에 다양한 인센티브를 줄 계획이다. 사실 건설 회사 입장에서는 디자인적 요소를 살리고 싶어도 분양가 상한제와 맞물려 건축비가 상승하므로 마진이 적어진다는 단점이 있었다. 디자인 적용 시 들어가는 추가 비용을 서울시가 법률적인 완화로 보충해준다면 그 과실은 공급자와 분양자가 사이좋게 나눌 수 있을 것이다.

    공급자 입장에서는 멋진 건축물을 지음으로써 지역의 랜드마크가 되어 회사 이름을 드높일 수 있고, 분양자 입장에서는 한층 진보된 아파트의 가치와 프리미엄을 누릴 수 있다. 주차장 계획 및

변동, 감정동, 사우동, 풍무동 일원)

　　　2) 양촌 도시재정비 수립지정 검토 대상지 : 361,000㎡

　나. 건축제한 범위 지적도 : 별첨

5. 제한대상 건축물

　가. 건축법 제8조 및 제9조 규정에 의한 건축허가 및 신고

　나. 건축법 제14조 규정에 의한 용도 변경 중 일반건축물(단독주택포함)을 집합건축물(공동주택)로 용도 변경

　다. 건축법 제16조 규정에 의한 착공 신고

　라. 건축물대장의 기재 및 관리 등에 관한 규칙 제15조 규정에 의한 일반건축물을 집합건축물로 전환

6. 제한 제외대상 건축물

　가. 건축법 시행령 제8조 내지 9조의 규정에 의한 재축행위 및 동법시행령 제2조의 2, 제1호 내지 제7호의 규정에 해당하고 세대수(공유지분 포함) 증가를 목적으로 하지 않는 대수선

　나. 도시 재정비촉진을 위한 특별법에 의한 재정비사업 추진에 지장이 없고, 주변 여건 등을 고려하여 시장이 필요하다고 인정하여 공고하는 건축 행위

7. 도서 열람 : 김포시 도시개발과(031-980-2591~2593)

김포시 공고 제2008-174호

건축허가 등 제한을 위한 주민 공람 공고

도시재정비촉진(뉴타운) 예정지구 내 건축물의 건축 행위로 인하여 지역주민의 재산상 피해가 예상됨에 따라 사유재산 보호 및 사업의 원활한 추진과 공공복리 증진을 위하여 토지이용규제 기본법 제8조 및 동법시행령 제6조의 규정에 따라 아래 지역에 대하여 공람 공고(공고일부터 14일간)하오니, 의견이 있으신 분은 공람 기간 내에 서면으로 제출하여주시기 바랍니다.

2008년 1월 29일

김포시장

1. 제한 목적

　　도시재정비촉진 예정지구 내 건축물의 건축 행위로 인해 지역주민의 재산상 피해가 예상됨에 따라 사유재산보호 및 사업의 원활한 추진과 공공복리 증진을 위해 일정 기간 건축허가를 제한하고자 함

2. 제한 근거 : 건축법 제12조 제2항

3. 제한 기간 : 건축허가 등 제한 공고일부터 2년간(다만, 도시재정비촉진지구 지정일까지)

4. 제한 구역

　　가. 위치 및 면적

　　　　1) 김포도시재정비 촉진지구 지정검토 대상지 : 2,201,000㎡(김포시 북

어날 수 있어 상대적인 반사이익을 누릴 수 있다. 또한 김포 신도시 건설에 따른 대책으로 도로망이 신설 또는 확장될 것이므로 기반시설로 인한 이익도 볼 수 있다.

굳이 서울시의 어느 지역과 비교하라고 하면 감히 용산과 비교해도 될 만큼 경기도권에서는 최고의 개발 지역이다. 한강 르네상스 사업의 일환으로 진행되는 수변도시라는 점과 대규모 군사 지역들이 해제되어 공원이 되거나 상업시설 또는 주거지로 변하고 있다는 점도 빼놓을 수 없다. 또한 김포는 일산대교 개통으로 한강 이북 지역과의 접근성도 좋아졌으며, 대운하건설과는 별도로 진행 중인 경인운하 등 각종 호재거리가 풍부하므로 계속해서 눈여겨볼 필요가 있는 지역이다.

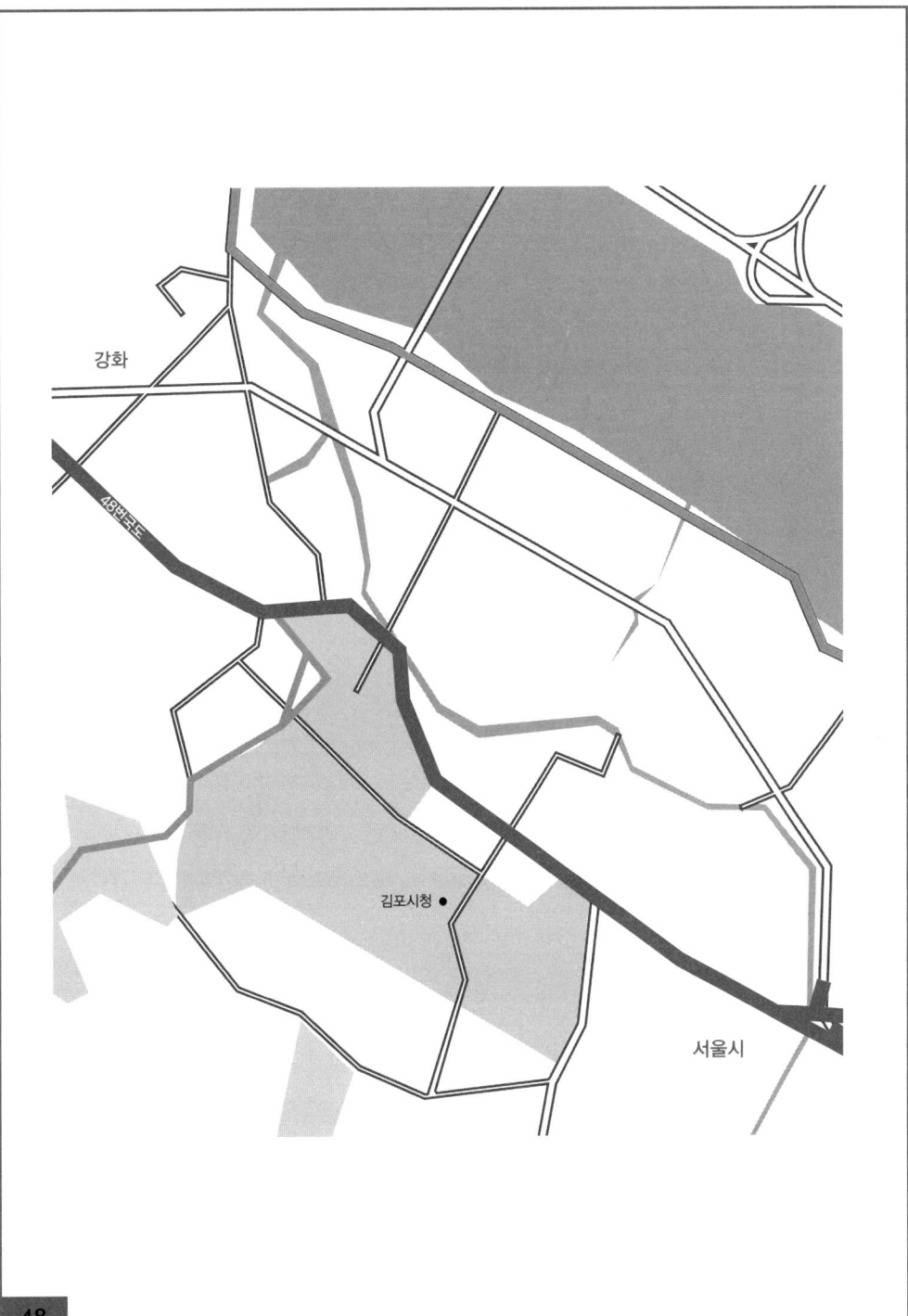

9

오를 일만 남은 김포

　수도권 중 도시재정비촉진지구 예상 지역인 김포는 서울 도심에서 약 25Km, 올림픽대로에서는 고작 13Km 정도 떨어져 있다. 현재 고질적인 문제로 지적되는 교통 인프라가 확충되기 전까지는 시쳇말로 '안습'의 지역인 것만은 확실하다. 그러나 기반시설이 부족한 편이라는 것은 지금보다 더 나빠질 것도 없음을 뜻하며, 개발로 인한 잠재력이 풍부하다는 점을 지적하고 싶다.

　김포 도로 확충 계획이 현실화된다면 서울 접근성을 고려할 때 장기적인 투자처로 괜찮을 것으로 보인다. 옆 김포 신도시가 개발되면 김포 신도시는 모두 분양가 상한제를 적용받게 되어 전매제한을 받는데, 재정비촉진지구 조합원의 경우는 그런 고민에서 벗

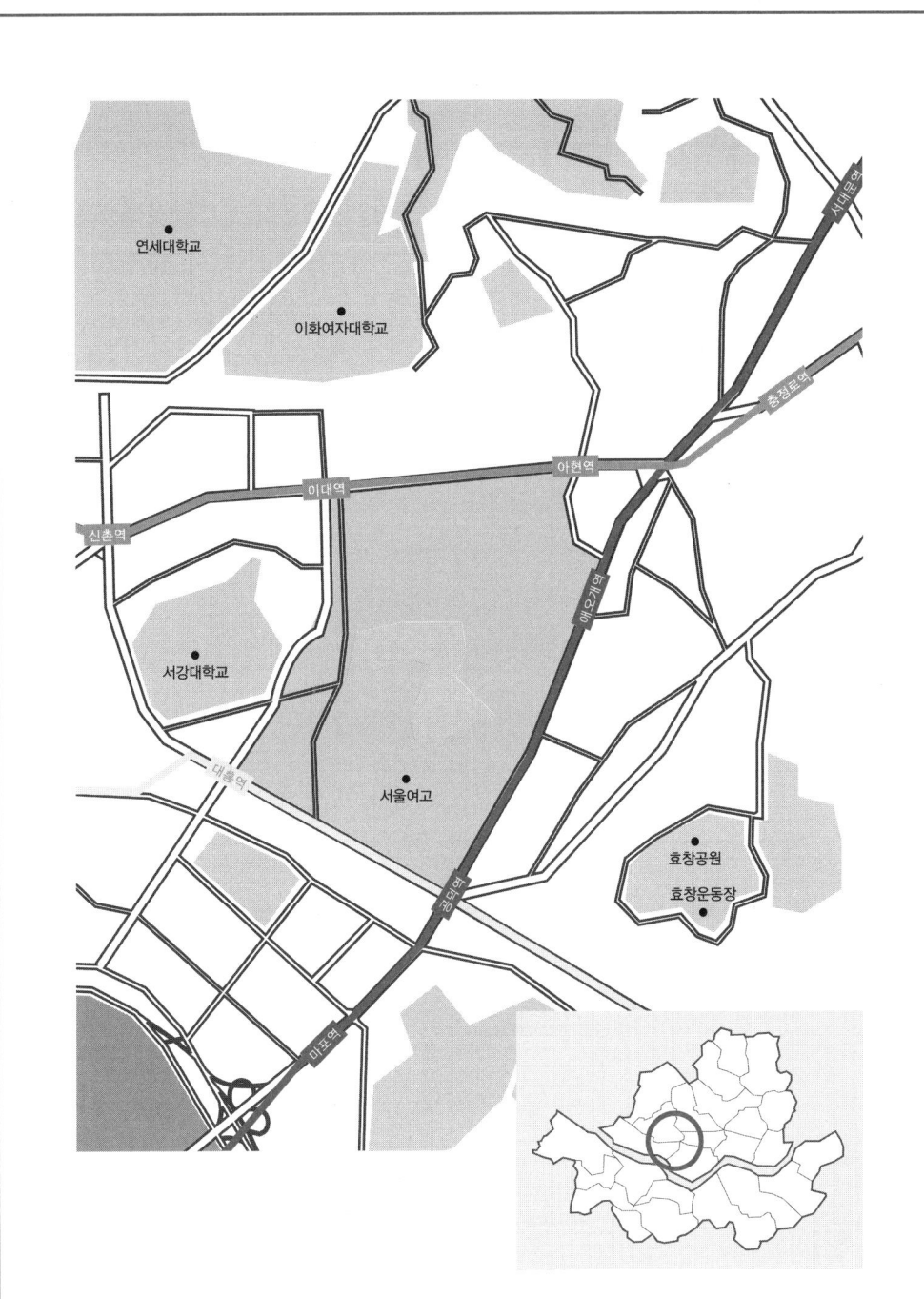

아현 3구역 사업 개요

- 위치 : 마포구 아현동 633번지 일원
- 면적 : 1,088,000㎡
- 건립 규모 : 1만 8,500가구, 4만 5,000명
- 사업 기간 : 2005~2013년
- 개발 방식 : 주택재개발, 주택재건축, 도시환경정비사업, 도시계획시설사업, 지구단위계획

향후 추진 계획
- 2008년 상반기 : 아현3 주택재개발 관리처분계획 인가
- 2008년 하반기 : 염리4 정비구역 지정

현 3구역과 공덕 5구역을 추천할 만하다. 아현 3구역은 3,000세대가 넘게 구성되고 조합원 수는 2,500명 정도 된다. 공덕 5구역은 790여 세대로 건축되며 조합원수는 600명 정도이다. 조합원 숫자만 보면 두 곳 다 적지 않지만 입지의 장점에다 관리처분이 들어간 상태이므로 공사가 시작되면서 프리미엄은 당분간 상승일로를 걸을 것으로 보인다.

8

진도 빠르고 입지 좋은 아현 뉴타운

아현 뉴타운의 가장 큰 장점은 의심의 여지없이 입지에 있다. 서울 도심과 여의도의 중간에 위치하며 지하철 2, 5, 6호선이 지나는 트리플 역세권으로 사통팔달 교통의 요지이다.

서울시 개발의 핵심인 용산과 근접하여 후광효과를 누릴 수 있으며, 인근의 공덕동 도시환경정비사업으로 생활편의시설도 한층 나아질 것으로 예상된다. 주변의 공덕동 지역은 교통의 중심지답게 공덕 래미안 등을 중심으로 탄탄한 수요층과 최고의 가격대를 형성하고 있어 아현 뉴타운도 개발로 인한 안정적인 투자 수익이 예상된다.

아현 뉴타운 중 실수요자가 접근하기에는 개발이 가장 빠른 아비율이 적어 사업성이 좋다. 단지 규모가 5,000세대가 넘으므로 다른 구역에 비해 조합원들의 추가 부담금이 적을 것으로 예상된다. 다만 조합원 중에는 상가 소유자들이 다수 존재하여 조합원끼리의 문제가 다소 있을 것으로 예상되는 것이 단점이다.

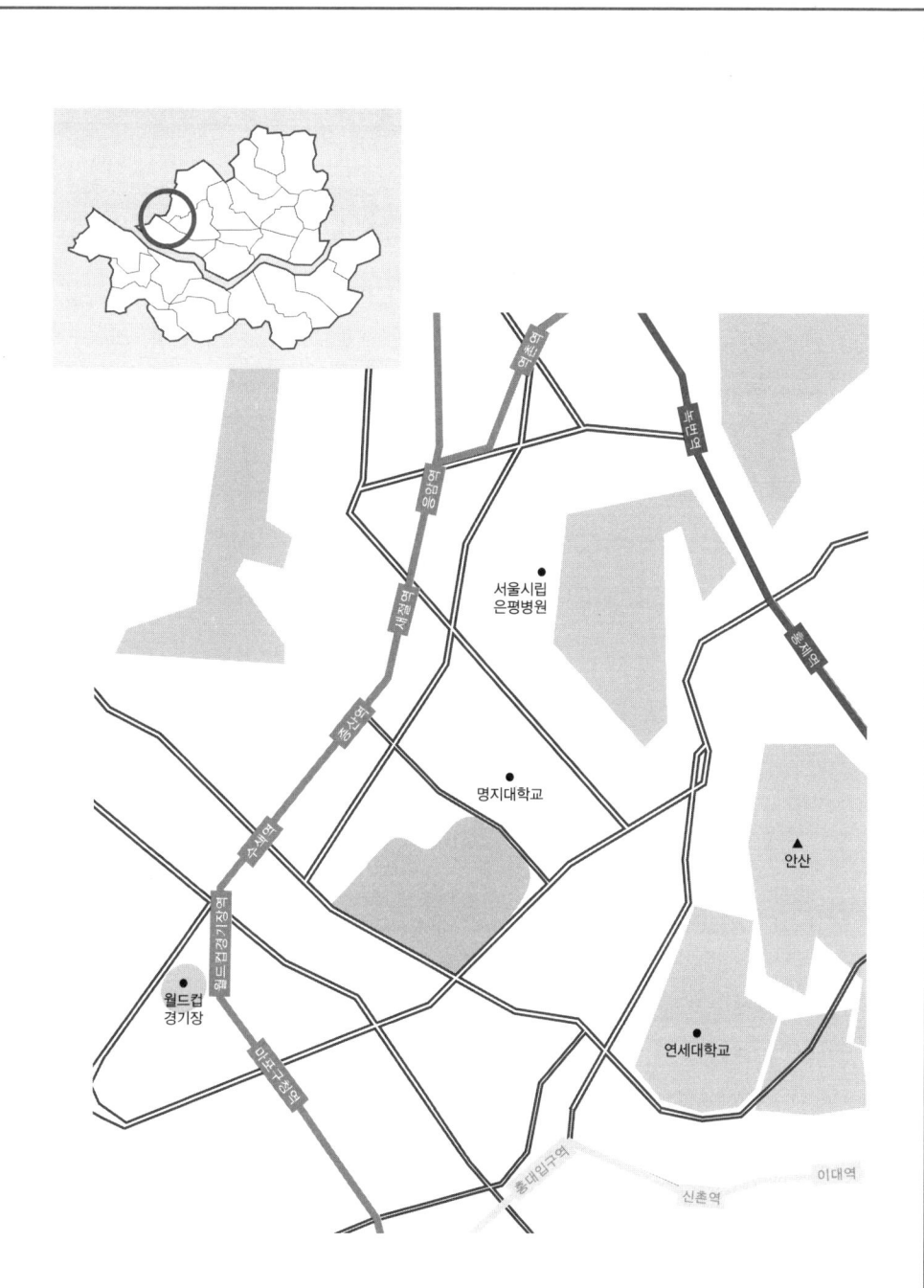

이 있고 2호선 연남역이 신설 중에 있어 완공 후 상당한 시세차익이 예약돼 있다.

   실수요자 입장에서 살펴볼 곳은 가재울 3, 4구역이다. 3구역은 삼성과 대림이 공동사업자로, 3,000세대가 넘는 대규모 단지로 조성된다. 3구역 중에는 일부 고지대도 포함되어 있긴 하지만, 대신 고지대에서는 한강 조망도 가능하리라 예상된다.

   4구역의 경우는 구역 자체가 대부분 평지이며 면적 대비 조합원

가재울 뉴타운 사업 개요

- 위치 : 서대문구 남가좌동 일원
- 면적 : 1,073,000 ㎡
- 건립 규모 : 2만 600가구, 5만 2,800명
- 사업 기간 : 2005~2013년
- 개발 방식 : 주택재개발, 주택재건축, 지구단위계획 등

향후 추진 계획
- 2008년~ : 가재울 뉴타운 1, 2구역 공사 중
- 2008. 7 : 가재울 뉴타운 5, 6구역 정비구역 지정
- 2008. 12 : 가재울 뉴타운 7구역 정비구역 지정
- 2008~2010년 : 구역별 사업 추진(가재울 뉴타운 3~6구역)
- 2011~2012년 : 계획관리구역 사업 추진(계획관리 2구역)

7

뉴타운의 보석, 가재울 뉴타운

기존에 지정된 뉴타운이라 해서 지레 비쌀 것으로 생각하고 외면할 일만은 아니다. 실수요자들이라면 뉴타운이면서 촉진지구로 지정되지 않은(토지거래허가가 필요 없으므로 거래 조건이 까다롭지 않은 장점이 있는) 가재울 뉴타운을 눈여겨볼 필요가 있다.

서울시 4대 IT거점인 상암 DMC 및 3차 뉴타운인 수색·증산 뉴타운과 인접한 가재울 뉴타운. 상암지구의 녹지 환경과 월드컵 경기장, 대형 할인마트, 마포 농수산시장 등 편의시설 또한 많다.

가재울 뉴타운의 장점은 사업지가 대부분 평지인 데다 한강과 북한산 조망이 가능하다는 점, 그리고 사업 진행 속도가 2차 뉴타운 중 단연 으뜸이라는 점이다. 또한 인근 지하철로 6호선 수색역

○ **용도 지역 상향 기준·절차 완화** : 서울시는 공동주택 건립을 목적으로 지구단위계획 수립 시 용도 지역을 상향코자 하는 경우, 까다로운 대상지 요건과 입지 요건을 충족하는 경우에 한하여 도시건축공동위원회의 엄격한 심의를 거쳐 선별적으로 허용하고 있으나, 시프트 공급 계획이 타당하다면 일반주거지역을 준주거지역까지 상향하는 것으로 검토하고, 저층 지역과 인접한 지역은 주변 여건을 감안하여 도시건축공동위원회의 자문을 거쳐 상향 폭을 결정할 예정이다.

○ **노후도 기준 완화** : 현행 규정상 사업부지 안에 기존 건축물이 있는 경우 준공 후 20년 이상 경과된 건축물의 수가 3분의 2 이상이 되어 노후화된 지역이어야 지구단위계획을 수립하여 공동주택을 건립할 수 있었으나, 이를 2분의 1로 완화하여 사업 시행이 쉽도록 할 계획이다. 이를 통해 노후도 기준 미비로 추진이 중단되었던 상당수의 사업대상지에서 개발이 추진될 것으로 기대된다.

○ **건축물 높이 기준 완화** : 일반적으로 사용하고 있는 도로사선에 의한 높이제한 규정 대신에 가로구역별 높이제한 규정을 적용하여 그 동안 높이제한 규정 때문에 허용된 용적률까지 건축하지 못한 사업장에서도 개발이 촉진되고 시프트 공급이 용이하도록 할 계획이다.

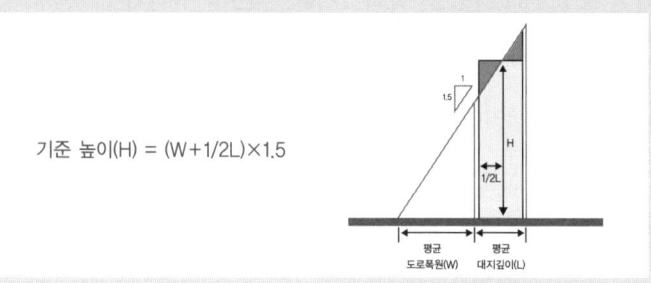

기준 높이(H) = (W+1/2L)×1.5

시프트 건설 시 제공되는 인센티브

○ **용적률 완화** : 지구단위계획에서 정한 지침을 준수하는 것과 더불어 창조적 디자인, 친환경 및 신재생에너지 사용 등 서울시의 주요 정책 사항을 반영할 경우 '허용 용적률'을 패키지로 전부 완화한다.

예를 들어 제3종 일반주거지역에서 준주거지역으로 용도 지역이 상향되는 경우 200%를 완화하여 450%까지 용적률이 허용되며, 공공시설을 설치하여 제공(기부채납)하는 경우 법률에서 정하고 있는 상한선인 500%까지 건축할 수 있다.

적용 용적률 \ 종전 용도 지역	제2종 일반주거지역		제3종 일반주거지역	준주거지역
	7층 이하	12층 이하		
기준 용적률*	200	200	250	400
(패키지)허용 용적률 = 시프트 공급+종전 인센티브 준수+ 친환경+아름다운 건축물	430	430	450	500
장기전세주택 건립 용적률	138	138	120	50
	장기전세주택 건립에 따른 인센티브 용적률의 10분의 6 -용도 지역 변경이 없는 경우(준주거지역) 10분의 5			
상한 용적률 (기부채납 시)	500	500	500	500 이상

* 서울시 도시계획조례상 용적률
** 제1종은 사업 대상에서 제외, 불가피한 경우 기준 150%, 허용 410%, 상한 용적률 500% 적용(시프트 건립 156%)

시프트 공급 확대 방안

○ 인센티브 용적률 중 일부를 장기전세주택용으로 매입·공급
  - 인센티브 : 최대 준주거지역까지 용도지역 상향, 용적률 완화, 노후도 기준 적용 완화, 주거비율 완화 등
  - 개발이익환수 : 늘어난 용적률의 10분의5~10분의 6 '시프트'로 공급
  - 대상 지역 : 역세권 지구단위계획구역 내 주거지역

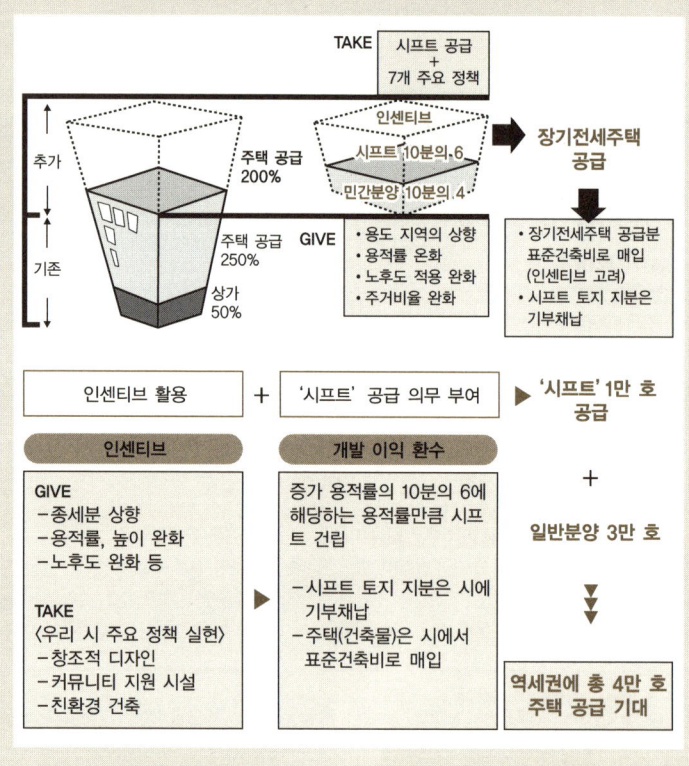

때문이다. 현재 길 건너의 삼성 래미안이 영등포구에서 가장 높은 가격을 형성하고 있는데, 필자가 볼 때는 이 지역이 위치 면에서 한 수 위이므로 개발이 진행된다면 그보다 더 높은 가격을 형성할 것으로 예상된다.

  필자와 비슷한 생각을 하는 투자자가 많은 탓인지 이 일대의 매물은 큰 지분이 가뭄에 콩 나듯 나오고 있는 실정이며, 지분 당 3,500만 원 정도 하는 소형 매물도 무척 귀하다.

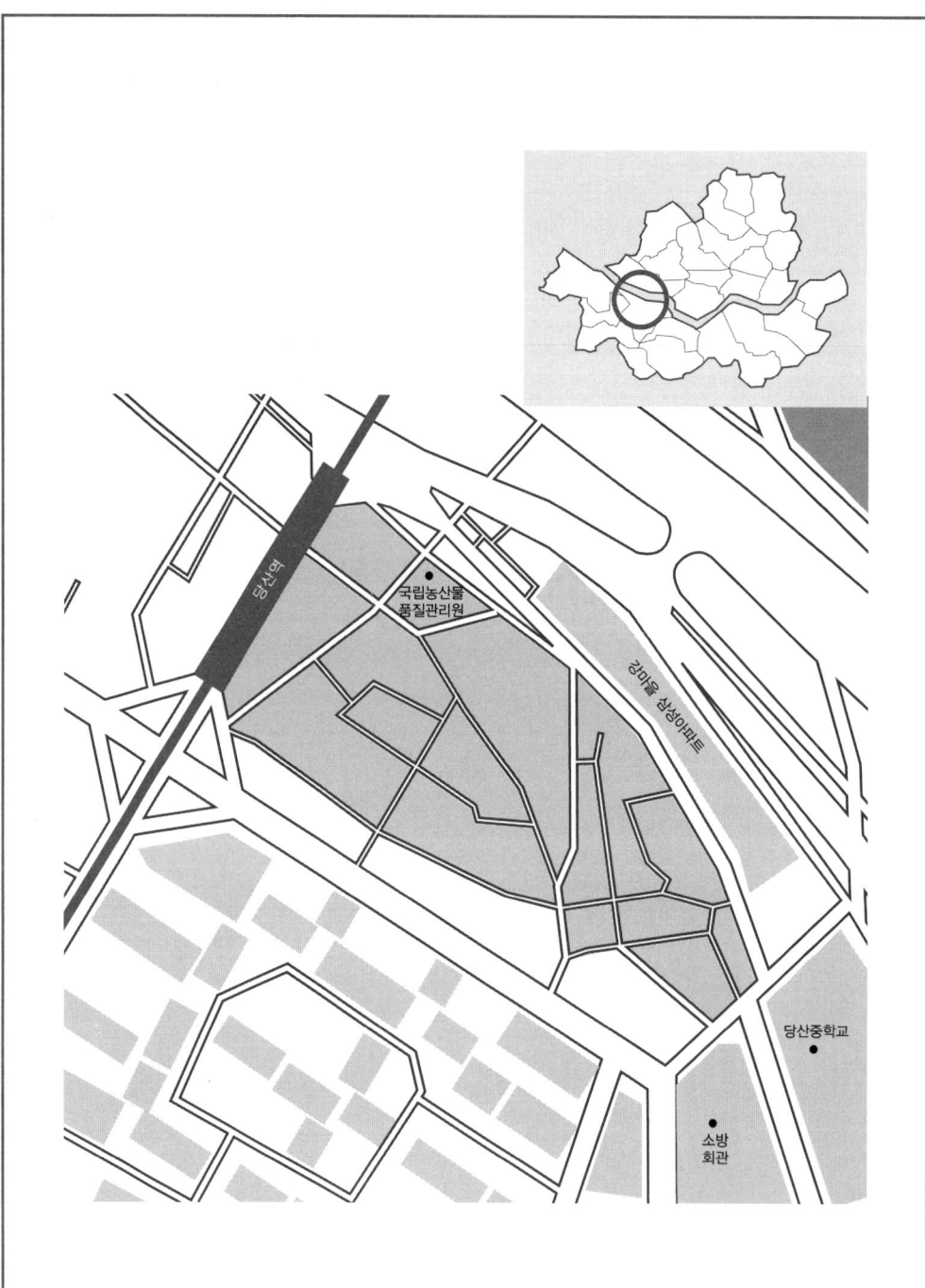

현재 대흥역 주변 대지가 3종주거지역인데 준주거지역으로 용도 변경, 상향 개발된다면 큰 개발 이익이 예상된다. 주변의 뉴타운, 재건축 등의 진행 속도 또한 빠르므로 이 지역의 가치는 앞으로 크게 올라갈 것으로 보인다. 이 일대 지분 값은 3.3㎡당 3,000만 원을 상회한다.

② 당산역 주변

당산동 지구단위계획구역을 답사해보면 누구라도 재개발구역으로 지정이 안 되어 있는 것이 이상하다는 생각이 들 것이다. 그도 그럴 것이 현재의 노후도라든가 접도율은 굳이 공부를 하지 않고 눈으로만 봐도 충분히 충족되는 지역인 것이다.

이 일대는 2호선 당산역과 함께 황금 노선으로 불릴 9호선 환승역이 들어서는 최고의 더블역세권으로 변모하게 된다. 여의도는 물론 강남 및 도심 접근성에서는 단연 으뜸이다. 또 인근의 영등포 뉴타운, 양화대교 건너에 합정동 균형발전촉진지구도 인접해 있어 시간이 흐를수록 주변 여건은 점점 더 좋아질 것으로 보인다.

이 지역을 주목해야 하는 이유는 지역 자체에 준공업지역도 포함돼 있어 도시환경정비사업으로도 개발이 가능해 보인다는 점

역세권 중에서도 특히 노후된 지역, 또는 노후도 여건을 절반 정도 충족한 경우에만 개발이 가능하므로, 역세권에 걸맞은 상업시설이 들어올 만한지, 용적률을 높여 고층을 짓더라도 주변 환경과 어울릴 만한지를 따져보는 게 급선무이다. 서울시 지구단위계획을 자세히 살펴보고 현장에 적용시켜보면 투자처가 눈에 보일 것이다.

이 정책이 발표된 이후 언급된 역세권 지역은 이미 매물이 실종될 정도로 많은 투자 문의가 답지하고 있다. 그런데 139곳 어디나 다 사놓으면 무조건 돈이 되는 것일까? 필자는 역세권 개발 호재에만 너무 치우치지 말고 큰 그림을 보라고 권하고 싶다. 그런 의미에서 투자자에게 든든한 종신보험이 되어줄 역세권 지역 2곳을 소개하겠다.

① 대흥역 주변

아현 뉴타운과 붙어 있는 대흥역 인근을 보면 한강 쪽으로는 지역주택조합이나 단독주택 재건축을 추진하는 지역들로 둘러싸여 있다. 서울 도심의 전철역 중에서 노후도나 접도율, 역세권 기능의 측면에서 볼 때 개발이 시급하므로 서울시 방안이 현실적으로 실현된다면 가장 유력한 수혜 지역 중 하나가 될 것이다.

서울의 주택 문제 해결에 있어서 지금까지 반값 아파트, 신혼부부 임대주택, 지분형 아파트 등 많은 정책이 쏟아졌지만 위 방안이야말로 가장 현실적인 대안으로 보인다. 사실 조성비가 저렴하다는 이유로 개발제한구역이나 한계농지 등 위치가 좋지 않은 곳에 아파트를 공급해 서민들이 도심에서 멀리 떨어진 곳을 택하게 하는 제도는 소위 말해 약발이 다했다. 누구나 살고 싶은 위치에 양질의 주택을 공급하는 것이야말로 쌍수를 들어 환영할 일이 아닌가.

당연한 말이지만 현재의 역세권 지역 중 가격 면에서 저평가된 곳을 찾아낸다면 저평가 자체에서도 이익을 얻을 수 있겠고, 여기에 용적률 상향이 뒤따른다면 가치 상승에 의한 수익도 예상할 수 있으므로 일석이조일 것이다.

서울시의 역세권 개발 예상 지역

	내용
대상 지역	서울시 역세권 중 반경 500m(도보 7분) 이내의 지구단위계획구역 (약 139곳, 10km²로 추산)
예상 후보지	- 구로구 개봉역, 광진구 구의역, 관악구 신림역, 동작구 상도, 사당, 이수역, 마포구 대흥역, 강북구 미아삼거리역 등 기존 역세권 주변 - 앞으로 지하철 9호선이 개통되면 역세권에 속하는 다세대, 다가구주택 밀집 지역으로 역에서 반경 250m 이내가 유력
기타	사업 용지가 조건을 갖춘 역세권에 절반 이상 포함되면 사업 가능

6

역세권 투자는 대흥역, 당산역이 유망

지난 4월 18일, 서울시는 또 하나의 천지개벽할 정책을 발표했다. 이른바 시프트, '역세권 지역 개발 완화 및 노후도 적용 비율 완화' 계획이다. 서울의 역세권 주변을 재개발할 때 용적률 등의 추가 혜택을 주고, 늘어난 건물 면적의 절반가량을 다시 서울시가 사들여 '장기전세주택(Shift)'으로 활용하겠다는 것이 골자이다.

조건을 갖춘 곳의 사업자가 역세권 개발에 나서면 3종 일반주거지역을 준주거지역으로 용도 변경해 현재의 250%에서 최대 500%까지 용적률을 상향 조정해준다. 건축물의 층고 기준도 완화되며, 지은 지 20년 이상 된 노후주택 비율 조건도 2분의 1만 충족되면 사업이 가능하게 된다(현재는 노후도 3분의 2 이상).

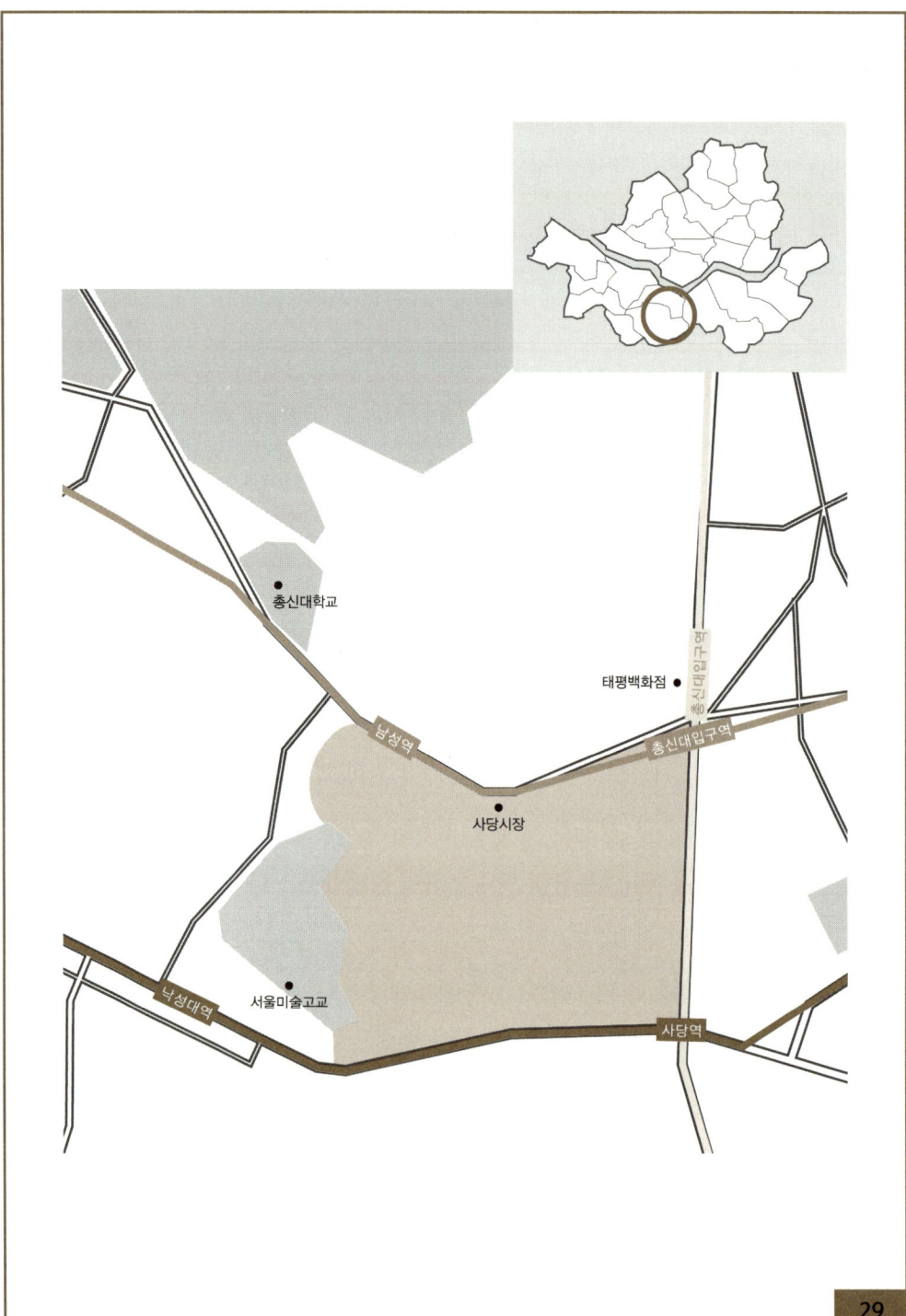

로 선택한 경우가 대부분이므로 높은 편이라고 할 수 있다. 따라서 수요는 꾸준히 존재하고 일반 주택이나 빌라의 전세 가격도 매매가 대비 상당히 높은 편이다.

인근 서초구 방배동 단독주택 재건축 예정 지역의 소형 지분이 5,000만 원이 넘는 것을 감안하면, 사당동은 개발 가능성의 잠재력에 비해 아직까지 시세가 많이 반영되어 있지는 않은 분위기다. 이수교차로에서 올림픽대로 진입도 편리하고, 남부순환로가 지나가고 있어 강남 접근 및 경부선축도 가까워 교통 여건도 상당히 좋은 편이다. 단지 학교가 부족한 것이 단점이긴 하지만 이것은 현재 정몽준 국회의원이 공약을 했던 부분이고, 차기 대권주자로 나오기 위해서도 국회의원 당선 시의 공약은 지켜질 것으로 예상이 된다.

집값 폭등 및 기존 뉴타운 사업의 속도와 전세란 등을 감안하여 오세훈 시장은 4차 뉴타운 발표를 당분간 하지 않겠다고는 하였으나, 사당동의 개발 잠재력과 주민들의 의지가 매우 높으므로 실수요자 입장에서는 이 점을 고려하여 접근해볼 만한 지역이라고 할 수 있다.

5

차기 뉴타운 후보지, 사당동

    2008년 총선 최대 관심 지역이었던 동작 을 지역에서 정몽준 현 당선자와 정동영 후보가 경합을 했던 지역이 바로 사당동이다. 두 분 다 사당동의 개발을 강조하면서 뉴타운을 공약으로 내세웠고, 정몽준 후보는 오세훈 시장에게 뉴다운 지정의 확답까지 얻었다고 유세를 펼쳤던 곳이다.

    정몽준 당선자는 현재 사당동으로 이사까지 해서 전략적으로 개발을 위해 노력하고 있으며, 사립고등학교 신설 등 지역 발전에 최선을 다하고 있다. 사당동의 지리적인 조건은 2호선, 7호선의 더블 역세권으로 서초구와 인접해 있으며, 거주 수준은 강남구에 직장을 갖고 있는 사람들이 강남구의 높은 집값에 밀려 2차적으

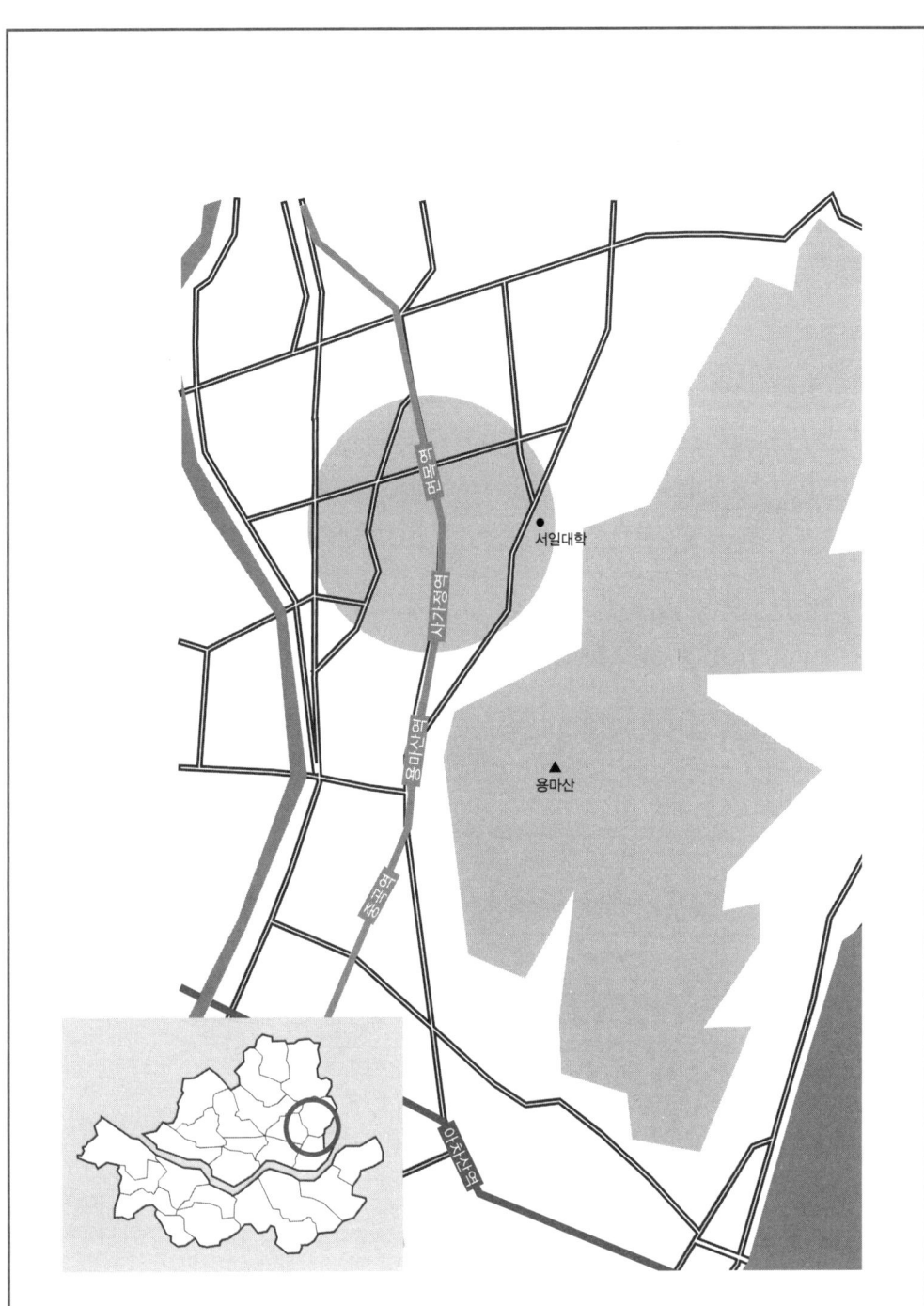

매가의 70%까지 차지하므로 소자본으로 지렛대 효과를 볼 수 있는 지역이기도 하다.

중랑천에 돛단배 모양 다리 건설

서울 중랑천에 돛단배 모양을 형상화한 다리가 생긴다. 서울시는 중랑구 면목동과 동대문구 휘경동을 연결하는 길이 225m짜리 다리를 건설하는 내용의 도시관리 계획안을 통과시켰다. 2008년 공사를 시작해 2011년 완공할 예정이다. 공사비는 591억 원. 시는 국내 처음으로 상부는 차도(왕복 4차로), 하부는 보도인 분리 교량 형식으로 만들 예정이다. 이 다리와 연결되는 동대문구 육종로 425m와 중랑구 겸재로 420m 구간은 왕복 4차로에서 왕복 6차로로 확장된다.

시는 2012년 용마터널 개통 후 교통량이 증가할 것으로 보고 다리를 건설하기로 했다. 서울시 관계자는 "이 다리는 야간 조명이 켜지면 돛단배의 모습이 드러난다"며 "중랑천의 랜드마크가 될 것"이라고 말했다.

(동아일보 2008. 3. 14일자)

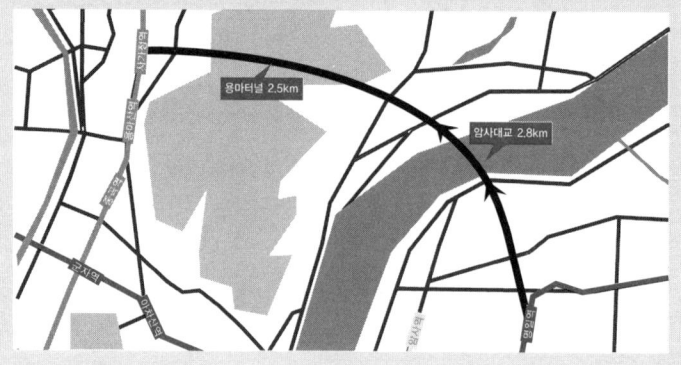

4

미개발지, 중랑구 면목동

  면목동은 대부분 평지에 자리한 데다 인근에 중랑천과 용마산이 있어 자연환경 또한 양호한 편에 속한다. 7호선과 동부간선도로로 강남 진입이 용이하며 대형 할인마트도 도보로 이용 가능하다. 면목역 바로 위에는 상봉균형발전촉진지구가 있으며 노후도나 접도율을 볼 때 재개발 가능성이 매우 높은 곳이다. 용마터널, 중랑대교, 경전철 건설 등 주변 개발 호재도 나름대로 풍부한 편이다.

  중랑구 면목동 일대는 현재 재개발 기대감으로 매매가가 오르고는 있지만 아직까지는 타 지역에 비해 저평가되어 있다고 볼 수 있어 매우 매력적인 투자처이다. 물건에 따라서는 전세 비율이 매

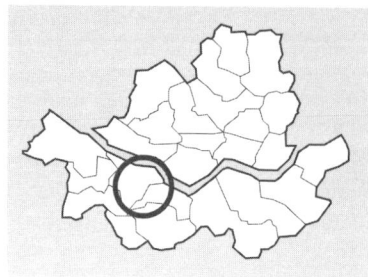
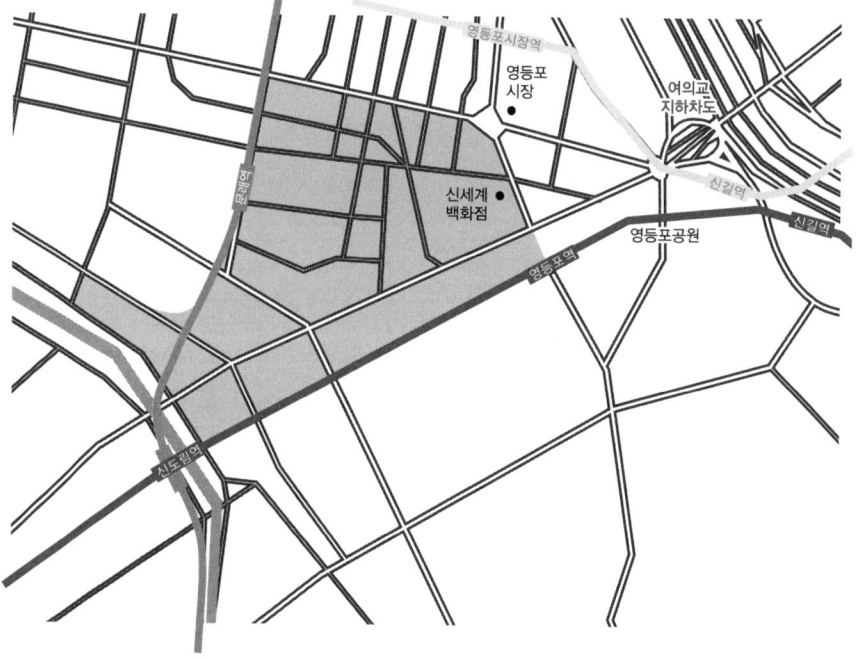

하여 도심상업기능을 지원하는 등 영등포지역도 점점 새롭게 태어나고 있다.

서울시는 또 2008년 4월 강서구 마곡지구의 업무용지와 산업시설용지 111만㎡를 공장이 들어설 수 있는 준공업지역 또는 산업단지로 지정한다고 밝혀, 영등포구 일대와 도봉구, 성동구 및 금천구 일대의 준공업지역들이 주거지로 변모할 수 있는 틀을 만들어놓았다. 이에 따라 준공업지역 일대의 대지가격 상승으로 인한 투기 또한 우려되는 시점이다.

> 의한 도시형 업종이나 공해 발생 정도가 낮은 업종으로 전환하고자 하는 공업 지역
>
> 5. 무허가건축물의 수, 노후·불량건축물의 수, 호수밀도, 토지의 형상 또는 주민의 소득수준 등 정비계획 수립대상구역의 요건은 필요한 경우 제1호 내지 제4호에 규정된 범위 안에서 시·도조례로 이를 따로 정할 수 있다.
>
> 6. 삭제(2006. 6. 7)

4호의 라를 보면 공업 지역에서도 도시환경정비사업을 할 수 있다. 이 조건에 가장 부합하는 지역은 어디일까? 공장재개발에 관심을 갖고 있는 가장 대표적인 자치구 중 하나인 영등포구의 문래동 일대와 양평동 일대에 관심을 가져보자.

문래동은 서울시 4대 부도심권역으로 서울과 수도권 배후 지역을 잇는 중요거점지역이다. 그런데도 노후한 영세 공장과 윤락업소 등 도심부적격 시설이 혼재되어 있고 개발이 지연되어 매우 낙후된 모습을 보이고 있다.

양평동은 2008년 4월 재개발구역에서 도시환경정비사업으로 변경고시되어 토지 가치가 수 배 이상 증가했고, 영등포구청은 경방필백화점 뒤편 부지를 준공업지역에서 일반상업지역으로 용도변경하겠다고 발표했다. 문래동 및 양평동 일대도 공업지역이 점차 주거지역으로 변모하고 있고 이 일대에 지구단위계획을 수립

나. 기존의 단독주택(나대지 및 단독주택이 아닌 건축물을 일부 포함할 수 있다)을 재건축하고자 하는 경우에는 단독주택 200호 이상 또는 그 부지면적이 1만㎡ 이상인 지역으로서 다음에 해당하는 지역. 다만, 당해 지역 안의 건축물의 상당수가 붕괴, 그 밖의 안전사고의 우려가 있거나 재해 등으로 신속히 정비 사업을 추진할 필요가 있는 지역은 다음에 해당하지 아니하더라도 정비 계획을 수립할 수 있다.

(1) 당해 지역의 주변에 도로 등 정비기반시설이 충분히 갖추어져 있어 당해 지역을 개발하더라도 인근 지역에 정비기반시설을 추가로 설치할 필요가 없을 것. 다만, 추가로 설치할 필요가 있는 정비기반시설을 정비사업시행자가 부담하여 설치하는 경우에는 그러하지 아니하다.

(2) 노후·불량건축물이 당해 지역 안에 있는 건축물 수의 3분의 2 이상이거나, 노후·불량건축물이 당해 지역 안에 있는 건축물의 2분의 1 이상으로서 준공 후 15년 이상이 경과한 다세대 주택 및 다가구 주택이 당해 지역 안에 있는 건축물 수의 10분의 3 이상일 것

4. 도시환경정비사업을 위한 정비 계획은 다음 각 목의 1에 해당하는 지역에 대하여 수립한다.

가. 제2호 가 목 또는 나 목에 해당하는 지역

나. 인구·산업 등이 과도하게 집중되어 있어 도시 기능의 회복을 위하여 토지의 합리적인 이용이 요청되는 지역

다. 당해 지역 안의 최저고도지구의 토지(정비기반시설용지를 제외한다) 면적이 전체 토지면적의 50퍼센트를 초과하고, 그 최저고도에 미달하는 건축물이 당해 지역 안의 건축물의 바닥면적 합계의 3분의 2 이상인 지역

라. 공장의 매연·소음 등으로 인접 지역에 보건위생상 위해를 초래할 우려가 있는 공업지역 또는 「산업집적활성화 및 공장 설립에 관한 법률」에

2. 주택재개발사업을 위한 정비계획은 다음 각 목의 1에 해당하는 지역에 대하여 수립한다. 이 경우 법 제35조 제2항의 규정에 의한 순환용주택을 건설하기 위하여 필요한 지역을 포함할 수 있다.

　가. 정비기반시설의 정비에 따라 토지가 대지로서의 효용을 다할 수 없게 되거나 과소토지로 되어 도시의 환경이 현저히 불량하게 될 우려가 있는 지역
　나. 건축물이 노후·불량하여 그 기능을 다할 수 없거나 건축물이 과도하게 밀집되어 있어 그 구역 안의 토지의 합리적인 이용과 가치의 증진을 도모하기 곤란한 지역
　다. 제1호 라목 또는 마목에 해당하는 지역

3. 주택재건축사업을 위한 정비계획은 제1호·제2호 및 제4호에 해당하지 아니하는 지역으로서 다음 각 목의 어느 하나에 해당하는 지역에 대하여 수립한다.

　가. 기존의 공동주택을 재건축하고자 하는 경우에는 다음의 1에 해당하는 지역
　　(1) 건축물의 일부가 멸실되어 붕괴 그 밖의 안전사고의 우려가 있는 지역
　　(2) 재해 등이 발생할 경우 위해의 우려가 있어 신속히 정비 사업을 추진할 필요가 있는 지역
　　(3) 노후·불량건축물로서 기존 세대수 또는 재건축 사업 후의 예정 세대수가 300세대 이상이거나 그 부지면적이 1만㎡ 이상인 지역
　　(4) 3 이상의 공동주택단지가 밀집되어 있는 지역으로서 제20조의 규정에 의한 안전진단 실시결과 3분의 2 이상의 주택 및 주택단지가 재건축 판정을 받은 지역

도시및주거환경정비법 별표1
(개정 2005.5.18, 2006.6.7)

정비계획 수립대상구역(제10조 제1항 관련)

1. 주거환경개선사업을 위한 정비 계획은 다음 각 목의 어느 하나에 해당하는 지역에 수립한다.

   가. 1985년 6월 30일 이전에 건축된 법률 제3719호 「특정건축물정리에 관한 특별조치법」 제2조의 규정에 의한 무허가건축물 또는 위법시공건축물로서 노후·불량건축물에 해당되는 건축물의 수가 당해 대상구역 안의 건축물 수의 50퍼센트 이상인 지역

   나. 「개발제한구역의 지정 및 관리에 관한 특별조치법」에 의한 개발제한구역으로서 그 구역지정 이전에 건축된 노후·불량건축물의 수가 당해 정비구역 안의 건축물 수의 50퍼센트 이상인 지역

   다. 주택재개발사업을 위한 정비구역 안의 토지 면적의 50퍼센트 이상의 소유자와 토지 또는 건축물을 소유하고 있는 자의 50퍼센트 이상이 각각 주택재개발사업의 시행을 원하지 아니하는 지역

   라. 철거민이 50세대 이상 규모로 정착한 지역이거나 인구가 과도하게 밀집되어 있고 기반시설의 정비가 불량하여 주거 환경이 열악하고 그 개선이 시급한 지역

   마. 정비기반시설이 현저히 부족하여 재해발생 시 피난 및 구조 활동이 곤란한 지역

   바. 노후·불량건축물이 밀집되어 있어 주거지로서의 기능을 다하지 못하거나 도시미관을 현저히 훼손하고 있는 지역

서울특별시고시 제2008-79호
재정비촉진지구 검토지역 내 건축허가제한 공고(2007.1.5)

서울특별시고시 제2004-204호(2004.6.25)로 고시한 서울특별시 도시·주거환경정비기본계획(주택재개발 부문/주거환경개선 부문) 및 서울특별시고시 제2005-37호(2005.2.5)로 고시한 서울특별시 도시·주거환경정비기본계획(도시환경정비사업 부문)에 대하여 다음과 같이 기본 계획을 변경하고 이를 고시합니다.

2008년 3월 20일
서울특별시장

○ 서울특별시 도시·주거환경정비기본계획 변경

(도시환경정비사업 부문 : 영등포구 양평동 일원 정비 예정 구역 확대)

○ 기본계획 변경 주요 내용 – 정비예정구역 추가 확대(영등포구)

구역번호	위치	면적(㎡)	용적률	건폐율	사업시행방식	정비유형	비고
양평동 10	양평1동 9-12 일대	9,450	주거공간 230%+α 산업공간 400%	60% 이하	도시환경 정비사업	철거	주택재개발 정비 예정 구역 제외
양평동 11	양평동2가 148-8 일대	51,000					
양평동 12	양평2동 243-1 일대	38,000					
양평동 13	양평동2가 35-22 일대	28,000					

※ 관계도면 및 서류는 영등포구 도시경관과(02-2670-3669)에서 열람 가능

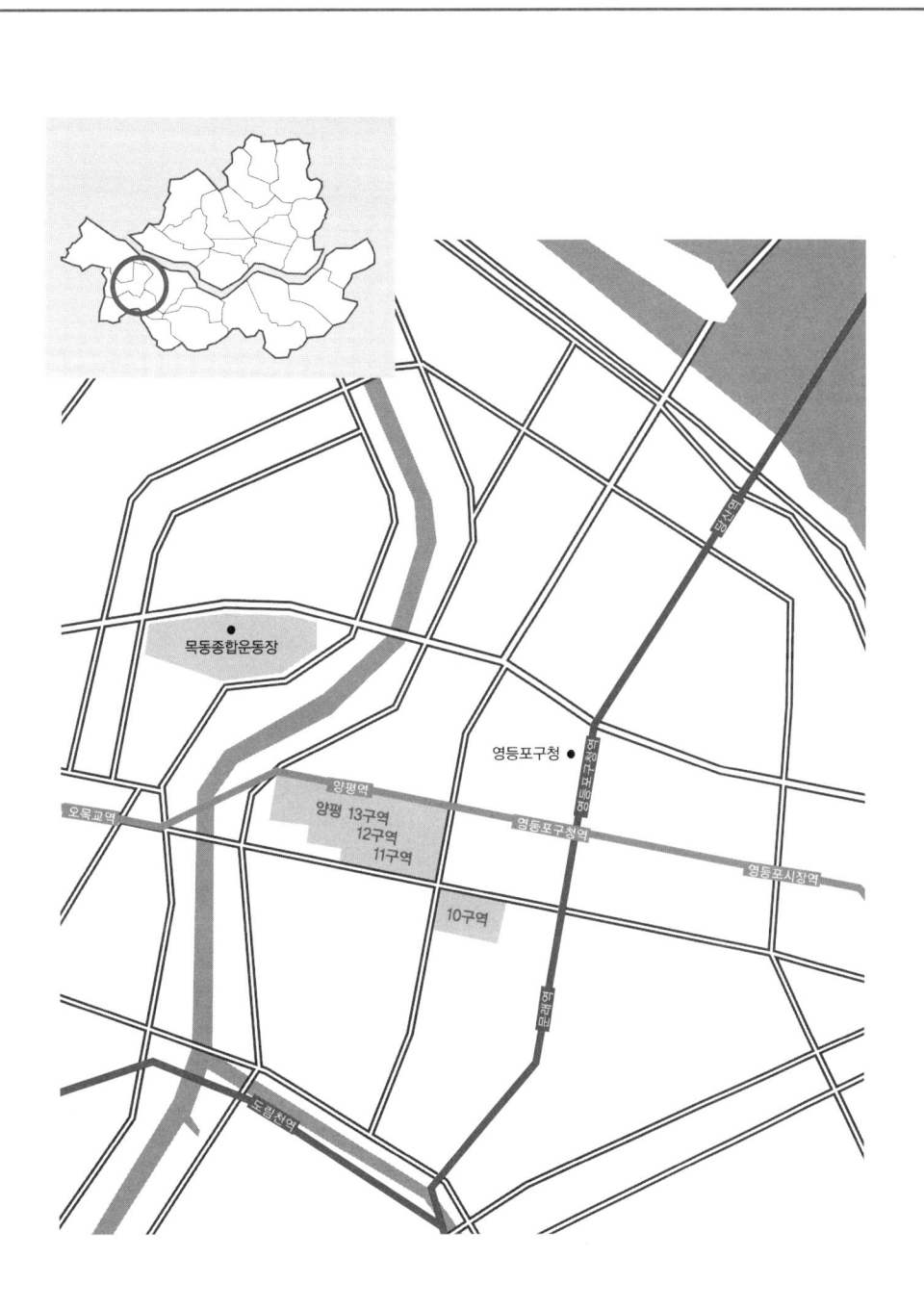

3

영등포 주변 지역에 주목하라

　용산역 전면지구는 용적률을 960% 이상 받은 대표적인 도시환경정비사업지구이다. 조합 방식으로 개발되는 사업은 재건축, 재개발, 도시환경정비사업으로 크게 나눌 수 있는데, 투자 대상으로 1등은 단연 도시환경정비사업이다.

　재개발이 추진되면 대부분 250% 미만, 보통 230% 정도의 용적률이 적용된다. 그런데 도심의 기능을 살리기 위해 추진되는 도시환경정비사업지로 채택되면 같은 땅이라도 용적률이 주택 재개발의 3배 이상 잡히는 것이 보통이다. 바꿔 말하면 땅의 가치가 일반 주택 재개발보다 3배 이상 높으니 가격 또한 그 이상 오른다는 이치이다.

봐야 하는 이유는 강남 다음 가는 최고의 학군, 여의도 생활권에서는 가장 대단지 아파트가 자리하고 있다는 점, 서울 서부 지역 중에서는 생활수준이 높은 주민들이 가장 많이 거주하는 곳이라는 점에서이다. 또한 9호선이 개통된 후 목 2, 3, 4동이 개발된다면 그 가치는 가히 짐작하기 힘들 만큼 오를 것이다.

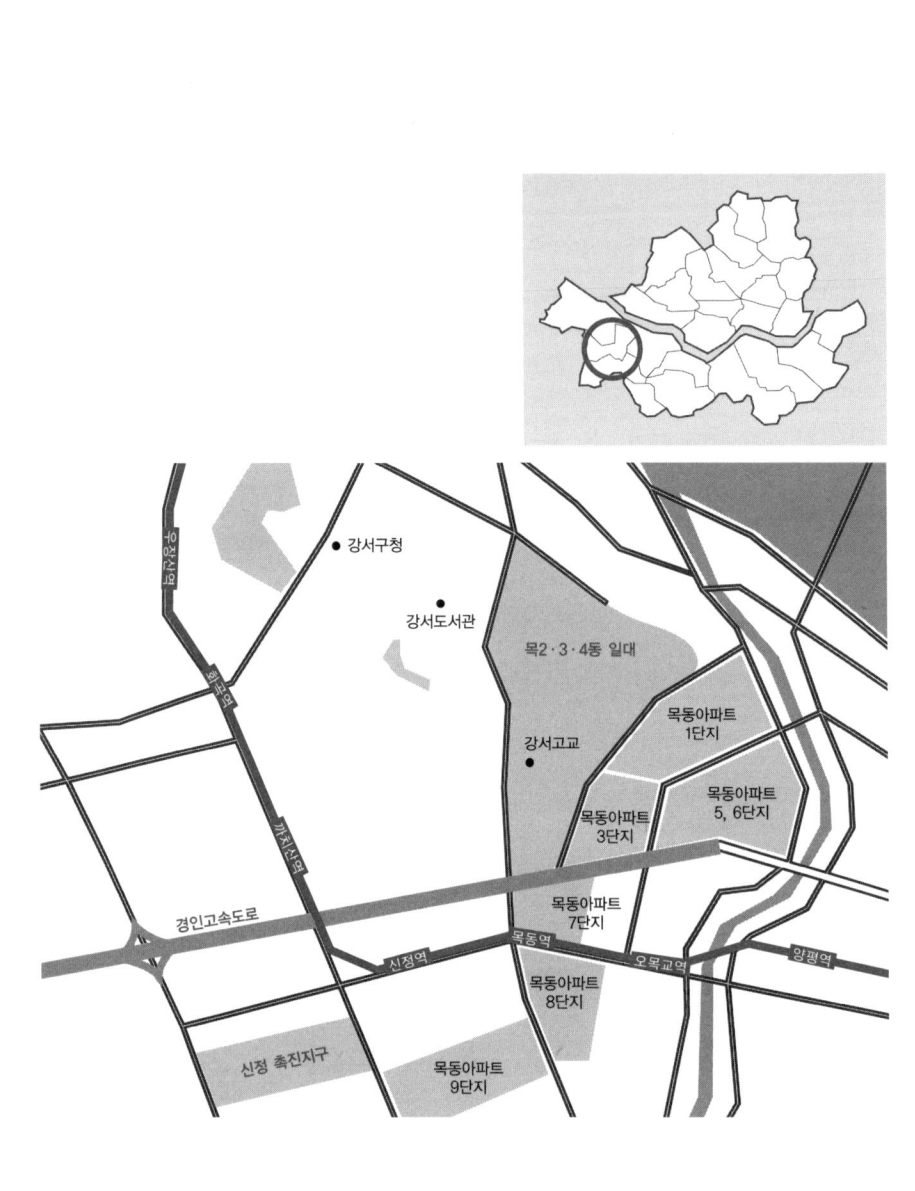

진하여 투자자들을 기다린다. 그 지역이 촉진지구로 지정되어 거래 제한을 받게 되면 또 다른 목초지(돈이 되고 판이 큰 지역)를 찾아 물소떼(?)처럼 우르르 빠져나간다.

그러나 유독 목동 지역의 경우는 '개발 불가' 판정을 받아놓고도 공인중개사들이 자리를 떠나지 못하고 있다. 설사 떠난 중개업소라도 언제든 좋은 기회가 오면 다시 온다는 마음으로 예의 주시하고 있는 지역이다. 마치 폭풍 전야나 큰 지진을 예감하는 동물적 감각이라고나 할까. 필자의 생각에도 몇 년간은 힘들겠지만 언제든 대형사고(시세 급등)를 일으킬 지역이 목동이라고 본다.

현재 목동 지역의 분위기는 한남 뉴타운이 지정되기 전 상황과 너무나 흡사하다. 2002년 정부는 한남동, 동빙고동, 보광동, 청파동, 이태원동 일대를 투기 조장 구역으로 선포하고 해당 지역의 도면을 일반인에게 공개했다. 투기주의보까지 선포하는 등 서슬퍼런 정부의 방침이 보도되자 갑작스럽게 매물이 쏟아져나왔다. 그러나 지금은 어떤가? 언론 보도를 믿고 매도했던 사람들만 손해를 입었다. 2년 뒤 뉴타운으로 지정되면서 서울 지역 각 뉴타운 중 남쪽으로 한강 조망이 가능한 최고의 지역으로 위상을 떨치고 있으니 말이다.

현재 목동 아파트의 경우 대지 지분당 가격이 6,000만 원을 상회하며, 목동 아파트 인근 노후 다세대·연립들의 대지 지분당 가격은 2,500만~3,000만 원 수준이다. 앞으로 목동을 유심히 지켜

2

숨죽이고 있는 목동지구

목동지구는 2006년 10월경 '지금은 개발이 안 되지만 2010년에는 가능하다'는 여운을 남긴 재정비촉진지구 타당성 검토 결과가 발표되면서 아직까지도 약보합세를 보이고 있다. 구역 지정이 되려면 노후 건물 비중이 60% 이상이어야 하는데, 목2동은 36.5%, 목3동은 33%, 목4동은 29%에 그쳤던 것이다.

그런데 목동은 2년 넘게 가격이 묶여 있다시피 한데도 공인중개사 사무소들이 미련을 버리지 않고 계속 머물고 있는 특이한 지역에 속한다.

원래 공인중개사 사무소는 유목민과 같은 성질을 가지고 있어서, 재개발 예상 지역으로 거론되는 곳에는 수많은 중개사들이 포

라. 건축허가제한 구역

연번	위 치	면 적(m²)	비고
1	용산구 서계동 224번지 일대 용산구 청파동1가 121번지 일대	194,6302	
2	용산구 청파동3가 121번지 일대 용산구 원효로1가 30번지 일대	181,9373	
3	용산구 용문동 81번지 일대 용산구 원효로2가 1번지 일대	52,5124	
4	용산구 원효로3가 178번지 일대	39,7335	
5	용산구 원효로4가 87번지 일대	48,245	

※ 관련도서는 용산구청 도시정비과(02-710-3385)에 비치

마. 건축허가제한 내용

   ○ 건축법 시행령 제3조의 4 관련 별표 1, 2호 규정에 의한 공동주택의

      1. 건축법 제8조 규정에 의한 건축허가

      2. 건축법 제9조 규정에 의한 건축신고

      3. 건축법 제10조 규정에 의한 건축허가·신고 사항의 변경(단, 건축허가·신고 사항의 변경 중 건축법시행령 제12조 제3항에 의한 사용승인 시 일괄신고 사항은 제외)

      4. 건축법 제14조에 의한 용도변경(건축물대장의 기재 및 관리 등에 관한 규칙 제6조 규정에 의한 건축물대장의 전환 포함)

서울특별시용산구공고 제2007-8호

재정비촉진지구 검토지역 내 건축허가제한 공고(2007.1.5)

우리 구에서 재정비촉진지구 지정 검토 지역에 대하여 향후 선량한 다수 구민의 권익 보호, 향후 재정비촉진지구 지정 시 원활한 사업 시행 등을 위하여 건축법 제12조 제2항 및 제3항의 규정에 의거 아래와 같이 건축허가제한을 공고합니다.

가. 건축허가제한 근거
　　○ 건축법 제12조 제2항(건축 허가의 제한)

나. 건축허가제한 목적
　　○ 서계동, 원효로동 일대 재정비촉진지구 지정 검토를 위한 현황조사 및 용역시행 전 부동산 가격 상승 등을 노리고 단독, 다가구주택을 공동주택으로 전환 또는 신축하여 이를 매각하는 등의 투기 행위가 발생하고 있으며, 또한 그 사례가 급속히 증가하고 있는 추세로,
　　○ 선량한 다수 구민의 권익보호, 향후 재정비촉진지구 지정 시 원활한 사업 시행, 장기적인 지역 발전 및 도시 경관의 개선, 또한 최근 사회적 문제로 대두되고 있는 부동산 투기방지 등 개인의 이익보다는 공익에 끼치는 영향을 고려할 때 건축허가제한이 필요한 실정임.

다. 제한 기간 : 건축허가제한 공고일로부터 2년(단 건축허가제한 기간 이내라도 도시재정비촉진을 위한 특별법에 의한 지구 지정 시 결정 고시일로 한다)

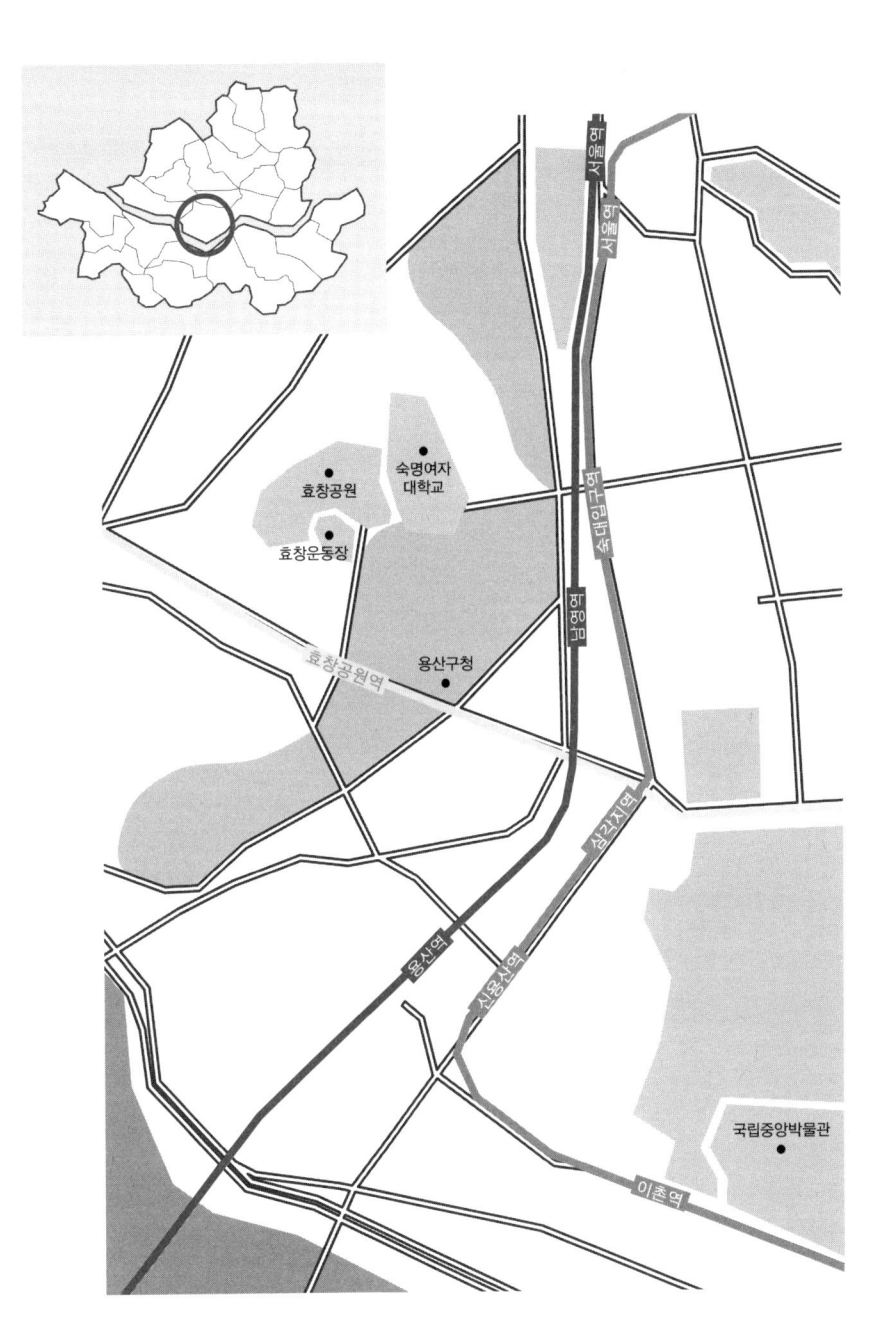

상승될 것으로 보인다.

여하튼 재촉지구의 가장 큰 폐단으로 지적되는 '지분 쪼개기'는 사실 '토지 거래 허가'라는 극단의 정책이 만들어낸 병폐라고 봐도 과언이 아니다. 만일 20㎡ 이상에 대해 토지 거래 허가를 받도록 지정하지만 않았더라면, 지금 조례 개정에서 문제되는 사실상 주거용으로 사용이 불법인 근린생활시설이 이렇게 난무하지도 않았을 것이고, 지분을 쪼갤지언정 사람이 거주할 수 있는 다세대 건축이 되었을 것이기 때문이다(주거용 건물은 세대 당 1대의 주차대수를 갖춰야 하나 근린생활시설은 전용면적 134㎡를 여러 채로 나누더라도 면적을 합쳐 134㎡당 주차대수 한 대면 건축 허가가 난다).

어쨌든 처음부터 지분 쪼개기를 차단하지는 못했지만 여타 재개발구역과 조합원 수 대비 예상 건립 가구수, 위치 및 교통 여건을 고려하면 용산은 그래도 투자에 있어 가장 우수한 지역이라고 할 만하다.

되어 일부 주의할 물건들이 있다는 점이다. 먼저 근린생활시설 같은 경우는 2008년 7월 30일 이전에 준공이 나 있어야 한다. 즉 사용 승인을 받았어야 하며 사실상 주거용으로 사용하고 있어야만 나중에 입주권을 받을 수 있다. '사실상 주거용'이라는 것은 말 그대로 사실상일 뿐이라서 공부상 나타나야 하는 것은 아니지만, 나중에 분쟁이 생기지 않으려면 그 전에 전입이 되어 있었다는 사실과 수도세, 전기세 등이 주택용으로 교부된 영수증을 첨부하여 보관하는 것이 좋을 것이다.

단, 근린생활시설 같은 경우 앞으로 구역 지정 공고를 할 때 구역 지정부터 관리처분 계획 기준일까지 무주택을 유지하여야 하는데, 지금 근린생활시설을 갖고 있는 사람들 대부분이 주택이 있기 때문에 구역 지정이 임박했을 때 매물이 쏟아져나와 가격이 떨어지거나 편법적인 거래들이 이루어질 가능성이 있긴 하다. 그리고 다세대주택 등과 같은 공동주택의 경우는 2008년 7월 30일, 즉 조례 개정 공포일 이후의 허가 접수분부터는 앞으로 재개발이 되었을 때 건립되는 공동주택의 최소 평형 이상이어야 입주권을 보장받을 수가 있다. 이 말은 전용면적이 최소한 60㎡가 넘는 물건을 구입해야 시간이 지나도 안전한 매물이 될 수 있다는 뜻이다.

그러나 조례 개정 공포일에 건축을 시작하고 있지는 않지만 건축 허가를 받은 물건은 전용면적과 관계가 없기 때문에, 사전에 건축 허가 접수가 되어 허가를 받은 물건들은 풍선효과로 가격이

변 지역 개발 계획이나 검토조차 하지 않은 한강로 1~2가 지역은 일반 주거 지역임에도 불구하고 대지 지분 20㎡(6평) 미만 물건들이 지분 평당 1억 원이 넘게 거래되는 기이한 현상도 생겨났다. 그러나 필자가 권하고자 하는 곳은 공원에서는 조금 떨어져 있지만 인천국제공항 종착역에서 국제업무지구로 들어서는 노선 바로 옆에 위치한 서계동, 청파동, 원효로 일대의 재정비촉진지구 검토 지역이다.

위치적으로 용산이라고 하면 한강로 주변 공원과 붙어 있는 곳만 용산이라고 알고 있는 투자자들이 많은데, 조금 벗어난 서계동, 청파동, 원효로 일대는 2007년 초부터 현재까지 주로 신축 위주로 거래되었다. 기존 매물이 대부분 지분이 큰 단독, 다가구주택이라 투자 금액이 높은 것이 가장 큰 이유였고, 촉진지구로 지정될 때 20㎡ 이상은 토지 거래 허가를 받아야 하는 등 거래 제한이 있다는 게 두 번째 이유였다.

이들 지역은 2007년 1월 건축허가제한을 했는데, 공동주택만 안 될 뿐 근린생활시설은 가능한 허점이 있어 근생으로 지분 쪼개기가 숱하게 일어났다. 이후 동년 6월 전면적인 건축허가제한을 하면서 더 이상 조합원이 늘어나지는 않게 되었다. 지분 쪼개기로 조합원 수가 늘어난 것은 사실이지만, 같은 구 한남동에 숱하게 자리한 분리다세대와 비교한다면 조족지혈 수준이다.

그런데 조심해야 할 부분은 2008년 7월 30일부로 조례가 개정

1

그래도 용산이 투자 1순위

　전국구 재개발, 뉴타운 지역 중 가장 촉망받는 투자 예정지는 단연 용산 지역이다. 그간 서울시 4차 뉴타운 예정지로 천호동, 창동, 방배동, 정릉, 석관동 등 여러 지역이 거론되었지만, 민족공원 조성이라든지 국제업무지구, 인천국제공항철도 개통 등 풍부한 호재가 넘쳐나는 용산만한 곳은 없다고 봐도 과언이 아니다.

　용산은 지금까지 최고의 부동산 값 상승률을 자랑했고 이는 앞으로도 계속될 것으로 예상된다. 지도만 보더라도 서울 중심에 위치하고 북으로는 남산, 남으로는 한강의 전형적인 배산임수의 형태를 띠고 있다.

　이런저런 소문 속에 지분 쪼개기도 가장 많아서, 한강로 공원 주

부록 차례

1. 그래도 용산이 투자 1순위 ····· 4
2. 숨죽이고 있는 목동지구 ····· 11
3. 영등포 주변 지역에 주목하라 ····· 15
4. 미개발지, 중랑구 면목동 ····· 24
5. 차기 뉴타운 후보지, 사당동 ····· 27
6. 역세권 투자는 대흥역, 상도역, 당산역이 유망 ····· 30
7. 뉴타운의 보석, 가재울 뉴타운 ····· 40
8. 진도 빠르고 입지 좋은 아현 뉴타운 ····· 44
9. 오를 일만 남은 김포 ····· 47
10. 압구정동 위에 성수동, 잠실 위에 자양동 ····· 52

[오를 때와 떨어질 때 부동산 투자법-재개발, 뉴타운 편] 별책부록
지금이 투자 적기! 대박 확신 지역 BEST 10

지은이 / 전은성
펴낸이 / 김경태
펴낸곳 / 한국경제신문 한경BP
등록 / 제 2-315(1967. 5. 15)
제1판 1쇄 인쇄 / 2008년 8월 29일
제1판 1쇄 발행 / 2008년 9월 5일
주소 / 서울특별시 중구 중림동 441
홈페이지 / http://www.hankyungbp.com
전자우편 / bp@hankyung.com
기획출판팀 / 3604-553~6
영업마케팅팀 / 3604-561~2, 595 FAX / 3604-599

이 책은 한국경제신문 한경BP가 발행한 것으로 본사의 허락없이
이 책의 일부 또는 전체를 복사하거나 전재하는 행위를 금합니다.

＊본 제품은 비매품입니다.
파본이나 잘못된 책은 바꿔 드립니다.

[재개발, 뉴타운 편]

오를 때와 떨어질 때 부동산 투자법

전은성 지음

한국경제신문